第二バチカン公会議
教皇演説集

カトリック中央協議会

第二バチカン公会議　教皇演説集

目次

公会議招集の使徒憲章フマーネ・サルーティス……10
公会議開会日決定の自発教令……21
公会議開始一月前のラジオメッセージ――全世界のキリスト信者に向けて……23
公会議開会の演説……33
すべての人にあてた公会議教父のメッセージ……48
第三十六回総会での演説……53
第一会期閉会の演説……56

第二会期開会の演説……65
第二会期閉会の演説……90
第三会期開会の演説……104
第百十六回総会での演説……120
第三会期閉会の演説……123
第四会期開会の演説……139
国連総会への文書メッセージ……155

国連での演説……158
第百四十二回総会での演説……171
第七公開会議での説教……176
第八公開会議での演説……182
コンスタンティノープル教会に対する愛の務め……192
第九公開会議での説教……195
公会議閉会のミサ説教……207

現代人に送る公会議のメッセージ……213
公会議閉会を告げる使徒的書簡……227
【参考】第二バチカン公会議で公布された憲章、教令、宣言……230
訳者あとがき……232

聖書の引用は原則新共同訳によっていますが、地の文との関係上、独自の訳文を当てている場合があり、該当箇所にはアスタリスク（＊）を付してあります。なお、引用文の漢字・仮名の表記は、地の文に合わせてあります。

略号

AAS　*Acta Apostolicae Sedis*

PL　*Patrologia Latina*

第二バチカン公会議　教皇演説集

公会議招集の使徒憲章フマーネ・サルーティス

ヨハネ二十三世

一九六一年十二月二十五日

人間の健全さを回復してくださるかたキリスト・イエスは、天に昇る前、ご自身が選んだ使徒たちに、福音の光をすべての民族にもたらすよう命じ、それと同時に、使徒たちにゆだねた任務に権威と土台を与えるために、進んで次のように約束されました。「わたしは世の終わりまで、いつもあなたがたとともにいる」（マタイ28・20）。この喜ばしいキリストの現存が、聖なる教会の中でご自身が生き生きと働いていることをはっきり意味しているとすれば、人間の社会や共同体が一段と恐ろしい嵐によって揺り動かされていたときにこそ、キリストの現存は最高度に輝き出ました。そのような時代に、キリストの花嫁は光り輝きながら、自らを真理の教師、救いの奉仕者として示し、すべての人の眼前で、愛がどれほどの力をもっているのか、敬虔で切実な祈りがどれほどの力をもっているのか、神の恵みによって困難や苦悩に耐えることがどれほどの力をもっているのかを証明しました。実際、それらは上からの神の保護であり、決して負けることはありません。なぜなら、同じものを教会の神的な創立者が担ったからです。彼は人生の大切なときにこう告げました。「勇気を出しなさい。わたしはすでに世に勝っている」（ヨハネ16・33）。

しかしながら、わたしたちのこの時代、人類の共生が深刻な危機を迎え、大きな変化に直面していることを教会は知っています。かつ、人類社会が新たな秩序へと向かっているとすれば、大きな任務が教会には待ち構えています。それは、わたしたちが学び知っているように、かつて、時代のある悲惨な状況の中で、そのような任務が教会に生じたのと同様です。実際、今日の人類共同体の血管に、永遠で生き生きとした神的な力、つまり福音の力を送り込むことが今教会に求められていますが、今日の人類共同体は、近年、技術や学問の領域における自らの進歩を誇りながらも、その社会規律の破綻を被っています。この規律をある人々は、神を脇において、再構築しようと試みています。そのためわたしたちは、今日の人々が魂の善の面については、目に見える善の面と同じようには進歩していないことに気づいています。ここから次のことが生じています。今日の人々は過ぎ去ることのないものの探求を軽視し、逆に、多くの人が、技術の発達によって実に手軽に提供される、この世の一時的な欲望を満たすものを欲しがっています。そして、これはまったく最近のことで恐るべきことといわなければなりませんが、神の存在を否定する人々の集団が、軍隊のようなしかたで秩序づけられて成立し、多くの人に広がろうとしています。

考察を要するこの悲しく心配な状況は、警戒の必要を示し、各自に自分の務めを自覚させます。確かにこのような惨状は、ある人々の魂を打ちのめし、この世を内側から覆ってしまった闇をただ識別するしかないと思っている人々がいることをわたしは知っています。しかしながら、わたしたちの堅い信頼を人類を守る神的な保護者に置くのは、きわめて好ましいことであるとわたしは思います。この保護者は、ご自身があがなった死すべき者たちを決して見捨てませんでした。むしろ、わたしたちに「時のしるし」（マタイ16・4）を見分けるようにと勧める主キリストの、従う者たちへの忠告によって、かくも忌まわしい暗黒の中で、教会と人類によりよい時代の兆しを告げるように見えるしるしをわたしたちは見きわめます。しかも、そのしるしは少なくはありません。実際、絶え間なく続く大量殺戮戦争、あちこちで数多くの思想が引き起こす魂の惨めな腐敗、長い間大いに人類が体験してきた過酷な現実、これらはすべて、ある種の声に従えば、何らかの警告となっています。また、人類を自滅させるほどの恐ろしい兵器の製造を可能にした科学技術の進歩そのものが、不安と危険をもたらしています。確かにこのことは、人々を当座のところ不安に閉じ込めます。しかし、そこで人々は自分の能力の限界を速やかに悟り、平和を切望し、魂に関する善の重要性を評価します。こうしてついには、社会生活の進歩を促進させ、たとえ不確実とはいえ、「人類社会」と呼ぶべき段階にすでに入っています。物事のそうした進歩は、個人、さまざまな市民団体、さらに国家そのものをよりいっそう駆りたてて、互いに友好的に一致し、相互の助け合いによって活動を成就し、完成させます。実にこのことは、教会の使徒的活動を速やかに実行するのに大いに役立ちます。他方、これまで、もしかしたら教会の崇高な務めに気づいていなかった多くの人が、今日、物事の実践についてより豊かに学び、教会の忠告を受け止める方向へと傾いているように見えます。

さて、教会に関していえば、人々の世代交代、学問および技術の進歩、社会の条件の変化に対して、決して何もしていなかったわけではありません。それどころか、これらすべてを注意深く見守ってきました。教会は全力を挙げて、すべてを物質に還元する思想や、カトリック思想の土台を覆そうと試みる思想に反対してきました。教会はただ自分の懐からのみ、きわめて豊かな力をくみ取ります。そしてその力が聖なる使徒職へと、敬虔へと駆り立て、人々の熱意に基づくあらゆる分野において引き受けるべき教会の活動へと駆り立てます。それはまず聖職者の働きです。彼らは、教えや道徳によって自分の従事する務めに自分が適していることをますます示しました。次に、信徒たちの働きです。彼らは教会の中で自分にゆだねられた部分をより多く見いだしています。いずれにしても、一人ひとりが個人的なしかたで負っている職務があり、それは教会の位階制にとって助けとなる大事な仕事です。加えて、今日多数のキリスト者共同体を厳しく圧迫する大きな困難のゆえに、まったく驚くほど多数の聖なる司牧者たち、司祭たち、信徒たちが、不屈の変わることのないカトリック信仰に基づき、あらゆる種類の非難を耐え忍んでいます。彼らが示すキリスト教的勇気の模範は、正当な資格で、教会の記録に金色の文字で書き込まれた聖人たちと並べられるべきほどのものです。そうした理由で、人間の結びつきのありようが内側から変化してしまったように見える一方、カトリック教会もまた、大きく変化した、より完全な姿でわたしたちの眼前に現れてきます。すなわち教会は、より堅固に一致し、保護された豊かな教えによって大きくなり、聖性の輝きをさらに美しく放っています。こうして今、教会は、信仰の聖なる戦いに向けて、まさに準備を整えているかのようです。

わたしたちは次の二重の光景を心に抱いています。向こう側では人間のつながりが魂の善をまったく欠いた状態で苦しんでおり、こちら側ではキリストの教会が生の豊かさによって栄えています。すでに最高の祭司職に選ばれたとき――わたしはその職にふさわしい者ではありませんが、神のきわめて寛大なおぼしめしによって、その頂点へと高められました――から、使徒職のうちに占めるわたしの立場の重要性を思い、務めを担うわたしの子らすべてのために、教会がよりいっそうふさわしくこの時代の人類の課題を解決することへと立ち向かうようにと考えてきました。そういうわけで、上からのある刺激によって生じた内なる声に従って、すでに時が熟し、カトリック教会と全人類家族のために、新たな世界教会会議を開催しようと判断しました。これはすでに二十回続いている公会議です。これらの公会議は、時代の経過とともに、天上の恩恵を忠実なキリスト者の魂のうちに増大させ、キリスト教的世界の進歩に大いに貢献してきました。公会議開催の知らせは全世界に迎え入れられ、カトリック信者は喜びました。このため、全教会は神への切なる祈りを絶え間なくささげています。また、公会議を準備するための活発な研究が行われ、わたしの希望をとりわけ確かなものにしています。さらに、従順に満ちた熱意ある配慮や期待によってこの公会議にかかわる人々には、ローマ教会につながっていないキリスト者ばかりでなく、キリスト者という名をもたない人々まで含まれています。これらすべてのことは、この会議の重大さをだれも見過ごせなかったことを明白に宣言し、示しています。

したがって、今回の世界教会会議が首尾よく執り行われるときには、教会は貴重な研究によって自らの信仰を燃え立たせ、新たな力によって強められ、心地よく回復した一致を示します。すなわち教会は、自らの健全な力をより効果的なものにし、自分の子らの聖性を促進するばかりでなく、広めるべきキリスト教の真実と、そのほか改めるべき自らの慣習に進展をもたらすという任務を、より緊急のものとして感じています。ここで中心に置かれているのは、いつも生きており、永遠の若々しさによって栄えている母なる教会です。母なる教会は、人類の出来事に対してたえず現前し、時代の変転に対していつも新たな姿で飾られ、新しいきらめきを放射し、新しい勝利をもたらします。母なる教会はつねにとどまり、神である花婿が望んだイメージへと形づくられています。教会を愛し見つめる花婿とは、実にイエス・キリストにほかなりません。

しかし、全世界のさまざまな場所で、すべてのキリスト者の間に目に見える一致を回復させようと、非常に多くの努力がなされていることをわたしは知っています。この一致は、神的な保護者の誓いをふさわしく満たすものです。したがって、開催される公会議が実り豊かにその教えの条項を提示し、兄弟愛の模範を示すことは、まったく時宜にかなっています。その模範によって、この使徒座から離れたキリスト者たちが一致に向けて激しく燃え上がり、その一致を達成するために道が整備されるなら幸いです。

さらに、悲惨な戦闘の危機によって、たえず不安にさらされている全人類家族に関しては、今回の公会議は優れた意志をもつすべての人に好機を与え、着手し促進すべき平和への忠告と提言を示します。真の平和を特別に生み出すことができ、また生み出さなければならないものは、上からの秩序と魂に属する善であり、そして人間の思いと自覚です。人間の思いと自覚は、人類を創造し回復させるおかたである神から、光と導きを受けます。

しかし、わたしたちがこれほど強く教会会議に期待し、しばしば進んで語ってきたこうした成果を得るには、準備すべき重要な作業に、協議、研究、労力を振り向ける必要があります。そのために、信仰についての教義や生活の実践に関する諸問題が提起されています。またそれゆえ、どのようにキリスト者の教えや規範が、多様な生活の習慣に無条件に適合し、キリストの神秘体と、上からの秩序に属するその聖なる役務とに役立つのかが提起されています。これらすべては、事実、聖書、聖伝、教会の秘跡と祈り、道徳規律、愛が実践され貧しい者たちの世話をする活動、信徒たちの使徒職、宣教活動とかかわっています。

しかしながら、上からの秩序は時間に制限された別の秩序に対して、できるかぎり効果を及ぼすものでなければなりません。この時間に制限された秩序は繰り返しある苦痛となって、人間の気遣いと心配を引き起こしています。実際、時間的な世界のことがらについても教会は、わたしの先任者であるインノチェンツィオ三世教皇が第四ラテラン公会議の際に使った表現によれば、「母であり教師である」と見られています。教会が地上的な国境線に従って張り合うことはありませんが、とはいえ、その旅路で時間的な善に属する諸課題を欠くことはできませんし、その善を生む働きを無視することもできません。事実、教会は知っています。永遠の救いが配慮されるべき個人の生活が、より人間的なものとなるよう備えられた援助と保護が、どれほど不死の魂に役立つかを知っています。また教会は、自らがキリストの光によって人間を照らすとき、人間が自分自身を内側から理解するようにさせます。実際、教会は彼らに、自分たちが何者であり、どれほどの尊厳をもち、どんな限界に従わなければならないのかを悟らせます。そういうわけで、現在、教会は権利においても事実においても、すべての民族に属すべき取り決めに参加しています。そして、社会的なことがらに関する教説が作成されています。その教説は、家族、学校、労働、人間の社会組織、さらにこうした種類のすべての諸問題に関するものです。この教説のおかげで、教会は尊厳ある高い地位を獲得し、道徳規律の解釈者にして砦《とりで》として、また、個人のものであれ国家のものであれ権利と義務の保証人として、その重い声はすべての賢明な人の間で特別な権威をもっています。

それゆえ、公会議で審議されることがらが効力をもち、それが単にキリスト教的知恵の光によって照らし、熱い力で奥深い魂を強くするだけでなく、人間活動の最高の部分にまで行き渡るとわたしたちは信じています。

公会議開催を最初に公表したのは、一九五九年一月二十五日です。それを公表したとき、何か小さな種を、震える心と手で蒔《ま》いたような思いがしました。神の助けに支えられ、努力を要する複雑で困難な課題にそのとき近づきました。その日から、ほぼ三年経ちました。その間に、あの小さな種は、天からの恵みが吹き込んで、大きな樹木へと育ちました。その長く苦労して通り過ぎた道を顧みて、神に大きな感謝をささげます。神は気前よくわたしたちに力を分け与え、あらゆることが適切に、ふさわしく、調和して進みました。

　公会議で考察される主題を決定するに先立ち、まず、枢機卿、全世界の司教たち、ローマ教皇庁の諸聖省、修道会の総長、カトリック大学、教会教導職に、賢明で知恵のある助言を求めました。そして一年間、この諮問に専念しました。もちろん大きな意味をもっています。その諮問の結果、とりわけどのような条項において審議がなされるべきかが明白となりました。

　そのうえで、公会議を準備するためにさまざまな委員会が設立され、その諸委員会に、教義と道徳規律に関する教令の概略を提案するという困難な任務をゆだねました。ですから、そこに公会議の総会において判断されるべき議案を委任することになります。

　ついに大きな喜びをもってわたしたちは、このような活発になされた研究が、すでに終わりに近づいたことを皆さんに報告いたします。枢機卿、司教、高位聖職者、神学者、教会法学者、全世界の知識人や有識者が協力して、優れた作業をしてくださいました。

　したがって、すべてのものの初めであり終わりであり神であるあがない主の助けに信頼し、その母である幸いなるおとめ聖母マリアと、最初からこの重要な公会議の保護者として選ばれた聖ヨセフの取り次ぎに信頼し、もう一つのバチカン公会議を招集する時が到来したと考えます。

　それゆえ、このことに関する聖なるローマ教会の枢機卿たちの意見を聞いたうえで、わたしたちの主イエス・キリストの権威、聖なる使徒ペトロとパウロの権威、そしてわたしの権威によって公表し、宣言します。来年一九六二年に、バチカン司教座聖堂において正式に開催する、聖なる第二バチカン公会議を招集します。日取りは、すべてを配慮してくださる神が追って決めてくださいます。

　そのために、わたしは希望し命じます。わたしの愛する息子である聖なるローマ教会の枢機卿、尊敬する兄弟である総大司教、首席大司教、定住であれ名義であれ、大司教および司教、また同じく、権利上公会議に参加しなければならない全教会の人々は、わたしによって宣言されたこの公会議に、世界のあらゆる地域から集まり参加するように。

それから、個々のキリスト信者とキリストを信じる民全体に求めます。公会議にあらゆる熱意を寄せ、今や間近に迫ったこの偉大な出来事が好意をもって聞き届けられ、徳の力によって確実にしながら正しい尊厳をもって成就してくださるよう、全能の神に祈りをささげてください。この共通の祈りが、あたかも生きた泉のように、信仰から絶え間なく流れ出しますように。またこの祈りに、自発的な身体の苦行が伴い、神に受け入れられ、すばらしい効力をもちますように。同様に、この祈りが、キリスト教的生活の気高い追求によって豊かになりますように。その結果、すでにすべての人が、当公会議でいつか起草されるはずの規律や教令などに従おうとしていることが立証されるでしょう。

まさにこのわたしの勧めによって、最愛の息子たち、すなわち、あらゆるところで過ごす教区司祭、修道司祭、さらに、あらゆる修道会に所属するすべての会員に呼びかけます。また、特別な方法で子どもたちにも呼びかけます。彼らの無垢《むく》と祈りは神のもとにあってどれほどの力をもつのか、だれも分かりません。さらに、病者や悩む人々にも呼びかけます。彼らの痛みや彼らの生活、同様の犠牲は、キリストの十字架の力のおかげで、全教会にとって力ある嘆願、救い、聖なる生活の泉へと変えられることをわたしは確信しています。

最後に、カトリック教会から分かれているすべてのキリスト者にも、神に祈るようせつに求めます。公会議は、彼らにも実りをもたらすからです。事実、彼らのうちの多くの人が、キリストの教えと天の父に対する祈りに従って、獲得すべき一致と平和への望みを保っていることはわたしたちに明らかです。また、公会議招集の知らせを聞いて大きな喜びをもって受け入れたばかりでなく、少なからざる人が、会議が成功するよう神に祈り、喜ばしい希望をもって、彼らの協議会の名前で使節を公会議に派遣すると約束したことをわたしは見過ごしません。彼らは公会議の中で知られることになるでしょう。これらすべては、わたしに大きな慰めと希望をもたらしました。むしろさらに、もっと容易にやり取りが行われるように、このことに関する特別の部局をすでに設立し、秘書局と名づけています。

現代のキリスト者が、キリスト昇天後のエルサレムの使徒たちのようになれますように。新しく生まれたばかりの教会全体が、羊の群れの牧者であるペトロと心を一つにして集まり、ペトロとともに、ペトロのために祈ります。神の霊が、全世界から毎日立ち昇る祈りを聞き入れ、わたしたちを慰めてくださいますように。「新しい聖霊降臨によって現代を新たにしたまえ。イエスの母マリアとともに、聖ペトロの導きのもとに心を合わせて祈り続ける聖なる教会に、驚くべきわざを行いたまえ。神なる救い主の国、真理と正義の国、愛と平和の国を広げたまえ。アーメン」(AAS 51 [1959], p. 832)。

この憲章が効力を今もち、永遠に持ち続けることを望みます。これによって命じられたことが、その現実によって忠実に守られ、その力を保ちますように。どのような種類の規定であっても、この憲章の効力に反する規定はすべて、この憲章によって廃止されます。したがって、どのような権威をもつ者によるものであっても、わたしの決定に、意識して、あるいは無意識的に反する行為は、無効であると宣言します。わたしの意志を示すこの公文書において、その一部を省略したり、あるいは改竄《かいざん》したりすることは、だれにも許されません。印刷または手書きによる複写または要約は、それが高位聖職者の印章および教会公証人の署名のあるものであれば、この憲章と同じ権力をもちます。何らかの方法で、わたしの決定を軽視し、受け入れない者は、教皇の命令に従わない者に対する法によって定められた罰を受けることを知るべきです。

ローマ、聖ペトロの傍らにて、教皇在位第四年、一九六一年十二月二十五日、イエス・キリストの降誕の祝日。

ヨハネ、カトリック教会の司教

公会議開会日決定の自発教令

ヨハネ二十三世

一九六二年二月二日

昨年一九六一年十二月二十五日、わたしたちの主イエス・キリストのご降誕の祭日に、長い間わたしが思い描いてきた計画を実行し、カトリック信者共通の期待を実現しようと、使徒憲章『フマーネ・サルーティス』を公布し、第二バチカン公会議を今年開催することにしました。

しかし今や、何度も事態を勘案するに、権限上公会議にかかわらなければならない人たちが、この件に必要な諸事を適当な時期に準備することができるように、第二バチカン公会議の開始日を今年の十月十一日とすることに決めました。この日を選んだのは、カトリック教会の歴史の中できわめて重要な位置を占める、エフェソ公会議をいちばんに想起させるからです。

最適な集まりを求めて、わたしは全世界の子らに再び勧めます。この公会議が無事に実現するよう、神を動かすほどのもっと多くの祈りをささげるようにと。わたしは、会議を執り行う準備を直接担当するかたがたと一緒に、また同時に、この公会議を熱心に期待している全世界の聖職者とキリストの民とともに、この公会議に集中しています。確かにこの公会議からわたしは、燃えるような願いをもって期待している実りがあります。それは、キリストの花嫁である教会が、神聖なしかたで与えられた徳をよりいっそう確固たるものとし、それを広く人類の精神に注ぎ込むという実りです。

また、次のように希望することも許されるでしょう。「異邦人を照らす啓示の光」であるキリストを見つめながら、とりわけわたしたちが大きな悲嘆をもって見守っている、労苦、不一致、悲惨な争いによって苦しんでいる人々が、いつかついに、相互の権利と義務が宗教的な意味で守られることで、文字どおりの平和を享受できるよう希望します。

したがって、慎重にあらゆることを勘案した結果、「自発的に」、わたしの使徒的権威によって決定します。第二バチカン公会議を今年、十月十一日に開始します。

他方、わたしのこの文書からおのずと引き出され決定されることは何であれ、すべて確かなこととして有効であるよう命じます。何であれ、それに反対することがあるとしても、この命令を妨げることはありません。

ローマ、聖ペトロの傍らにて、教皇在位第四年、一九六二年二月二日、幸いなるおとめマリアの清めの祝日。

公会議開始一月前のラジオメッセージ
——全世界のキリスト信者に向けて

ヨハネ二十三世

一九六二年九月十一日

公会議の公式の開始まであと一月となり、それに対する大きな期待が、聖なる祝福されたカトリック教会のすべての子らの目と心に輝いています。

三年という準備期間に、あらゆる地域、あらゆる言語から集められ選ばれた精神の一部隊が、教えに関することがらや司牧に関することがらの諸要素を、有り余るほど豊かに集めました。それは、バチカン大聖堂の丸天井のもとに集う、全世界の司教たちに提示するためです。彼らは、福音を伝えるキリストの教導職に、実に賢明に適用することでしょう。キリストの教導職は、二千年にわたってキリストの血によってあがなわれた人類の光でした。

したがってわたしたちは、神の恵みとともに、適切な時を迎えています。世の終わりに至ることを見越して語られたイエスの預言的なことばは、人々の適切で寛容な対応を勧めていますが、とりわけ教会の、いくつかの歴史的な時にあたっては、もっとも高い頂へと上る、新しい飛躍を目指しています。「頭を上げなさい。あなたがたの解放の時が近いからだ」（ルカ21・28）。

上昇に向けた新しい飛躍

霊的な準備として考えるならば、公会議はその集まりまで残り数週間となり、次の主の招きにふさわしいものに見受けられます。「ほかのすべての木を見なさい。葉が出始めると、それを見て、すでに夏の近づいたことがおのずと分かる。それと同じように、あなたがたは、これらのことが起こるのを見たら、神の国が近づいていると悟りなさい」（同21・29―30）。

この「神の国（regnum Dei）」ということばは、公会議の働きを広く正確に表現しています。「神の国」が意味しているのは、キリストの教会であり、実際にそうです。すなわち、一、聖、公、使徒継承の教会です。そのような教会を、人となった神のことばであるイエスは創設し、二千年の間保ち、今日もまた、自らの現存と恵みによって生かしています。教会は、時に過酷で困難な時代にあって、崖から崖、峠から峠へと引きずり回されながらも、霊による勝利を積み重ねてきました。そんな驚きの過去を、教会はいつも自ら乗り越えてきたのです。誤謬に対する真理の勝利、悪に対する善の勝利、分裂と対立に対する愛と平和の勝利です。

善と悪という対立項は、ずっと存続し、将来にも残ります。なぜなら人間の自己決定は、表現する自由と道に迷う可能性を、いつももっているからです。しかし、キリストとその教会のおかげで、選ばれた個人と各国民の中に、最終的で永遠の勝利が訪れるでしょう。

永遠の内的活力

ここで「復活ろうそく」という象徴を思い起こすことは、時宜にかなって適切なことです。典礼の最初に、その名が響き渡るでしょう、「キリストの光」と。イエスの教会は全地で答えます。「神に感謝、神に感謝」と。「そう、キリストの光、すなわち、教会の光、すなわち、諸民族の光（lumen gentium）」といっているかのようです。

事実、不死なる栄光の王であり、教会全体を通して、人類の救い、喜び、輝きとして光を放つ、復活したイエスのみ顔とのこの出会いが更新されないのであれば、一体公会議とは何なのでしょう。

このご出現の光の中で、次の詩編のことばが正鵠《せいこく》を得ています。「主よ、わたしたちにみ顔の光を向けてください。喜びをわたしの心にお与えください」（詩編4・7―8）。

新たな公会議は、キリストの普遍教会の真の喜びとなるでしょう。

使徒的活動

公会議の存在理由は、歓迎され、準備され、期待されているとおり、主の契約に対する世界全体、現代世界の応答の継続、というよりはむしろ、その応答のもっともエネルギッシュな再開です。いわば、世界の限界に向かって広げられた両手です。それは、荘厳に宣言された次のことばに表明されています。「だから、あなたがたは行って、すべての民をわたしの弟子にしなさい。彼らに父と子と聖霊の名によって洗礼を授け、あなたがたに命じておいたことをすべて守るように教えなさい」（マタイ28・19―20）。

教会は、自分がどのようなものであるのか探求されることを望んでいます。だから、その内的構造――内へと向かう活力――において、何よりもまず自分の子らに、あの最後のことばからインスピレーションを受けた、光をもたらす信仰と聖化する恵みという宝を現前させるのです。これらが意味するのは、教会の卓越した任務であり、奉仕と名誉という名に値するものです。すなわち、生かすこと、教えること、祈ることです。

外部へと向かう活力、すなわち、人々の要求や必要――そうした人間的な出来事が生じれば、むしろ地上的な善の評価や享受へと向かっていくものです――に向き合う教会に関して見直せば、自らの教えに責任をもたなければならないと感じています。その教えとは、「この世の善を用いて歩んでいくわたしたちが、永遠なるものを失うことがありませんように」（聖霊降臨後第三主日の集会祈願参照）ということです。

人が人々の中で生きるようにキリスト者はキリスト者の中で生きるというキリスト者の義務を前にしての責任感に従えば、どんな人も、実際にはそうはなれないとしても、そうなるためのよい模範によって、奮い立たせられなければなりません。

これが教会の、いわゆる外への活動へと入り込むための門です。しかし、この活動はまったく使徒的です。その活動から、「あなたがたに命じておいたことをすべて守るように教えなさい」ということばは力と広がりとをもちます。

事実、世界はキリストを必要としています。ですから、キリストを世界に運ばなければならない教会があります。

世界は、時に不安とともに解決を探っている問題を抱えています。

当然、時が来れば正しく解決するつらい心配が、真理全体と聖化する恵みの広がりに障害をもたらすことはあるでしょう。

人は、家の炉《ろ》の周りに集まる、一つの家族の愛を探し求めるものです。日ごとのパンは、自分自身とも っとも大切な人たち、伴侶と子どもたちのために求めるものです。人は、平和に生きることを熱望し、またそうであるべきと感じています。それは、民族共同体内部においても、残りの世界との関係においてもそうです。人は、霊の引き寄せる力に敏感です。霊は、その人を自ら学ぶようにさせ、高めます。それゆえ人は、自由を大切にしながらも社会的義務によりよく応じるために、合法的な制限を受け入れることを拒みません。

神の子とされた人間への奉仕のために

こうしたきわめて重要な問題が、最初からずっと教会の核心にあります。それゆえ教会は、それらを注意深い研究の対象としました。そこでこの公会議は、明解なことば遣いで、人間の尊厳とキリスト者の召し出しから要請される解決を提示できるでしょう。

そうした問題のいくつかを挙げれば、次のとおりです。国家全体を前にしたときの権利と義務の行使における、すべての人の基本的な平等。結婚の神聖な性格の粘り強い擁護。結婚は、夫婦に自覚的で惜しみない愛を課します。またそこから、子どもの出産が与えられます。これは、宗教的および道徳的側面において、また社会的本性をもったきわめて広い責任の面で、時の流れの中で永遠性の観点から考察されます。

宗教的無関心を擁護する教え、あるいは、神や超自然的秩序を否定する教え、歴史における神の摂理を無視し、個人の人格を無思慮に称賛する教えは、教会において、豊かで毅然としたことばを経験しなければなりません。教会は、すでに重要な文書として『マーテル・エト・マジストラ』を公表しています。そこには、キリスト教史二千年の思索が要約されています。

もう一つ、明るい点があります。

発展途上国を前にして教会は、すべての人の教会として、とりわけ貧しい人々の教会として、自分がどのようなものであるのか、どのようなものでありたいのかを示します。

正義と平和

聖なる十戒の第六戒と第七戒に関するどんな侵害と冒瀆も、第七戒から生じる約束を反故《ほご》にすることも、神の前での裁きを招く社会生活に関する惨状も、これらすべては、はっきりと非難され嘆かれなければなりません。すべての人の義務、キリスト者の切迫した義務とは、他の人の必要を尺度として余剰を考察し、作り出された財産の管理と配分が、すべての人の益となるよう機能するために、よく見守ることです。

これが、社会意識、共同体意識の流布と呼ばれます。この流布は、真のキリスト教社会に内在しています。これは、すべて力強く肯定されなければなりません。

教会と市民社会との関係については、どういうべきでしょうか。わたしたちは、新しい政治社会に直面して生きています。教会が放棄できない基本的権利の一つが、宗教の自由の権利です。それは、単に祭儀の自由にとどまるものではありません。

この自由を教会は取り戻し、教えます。そしてこの自由のために、多くの国で苦しい刑罰を耐え続けています。

教会は、この自由を放棄できません。なぜなら自由は、それをなし遂げるという奉仕とともに定着するものだからです。この奉仕は、別の機関がしなければならない矯正や補足として始まるのでもなければ、それによって適合するのでもなく、人を真理の道へと向かわせるための神の摂理の、本質的要素であり代替不可能なものなのです。真理、自由、それらは人類の文明を築き上げる礎石です。

公会議が招集されようとしているのは、第二次世界大戦が終わって十七年という時期です。史上初めて公会議教父たちが、事実、あらゆる民族、あらゆる国家に属しているはずです。そして、あらゆる国の様相を徹底的に変えた二つの大戦の傷跡を治し、いやすために、理解と希望という面で貢献してくださるでしょう。

家庭の母たちや父たちは戦争を嫌います。分け隔てなくすべての人の母である教会は、もう一度、時代の底からわき上がる共通の叫び、ベツレヘムから、カルワリオの丘の上の叫びを高く掲げます。それは、武器による争いを未然に防ぐ、平和という切実なおきてとして広がるためです。各人の心に平和の根とその保証がなければなりません。

当然のことながら、教会はその教理上の構造と促進している司牧活動の中で、各人に定められている神の摂理の道を走り切りたいという人々の切望を表現したいと願っています。平和の勝利において、この世の生活がより気高く、正しく、すべての人にとって価値あるものとなるように協力するためです。

この世の生活は、より気高く、正しく、すべての人にとって価値がある

「天下のあらゆる国から」（使徒言行録2・5）集まった、キリストの群れの牧者である司教たちは、平和の概念について、軍事的な争いを非難するという意味で否定的な表現としてばかりでなく、むしろ、各人

に自分の義務に伴う理解と持続的な実践を求めるという意味での、積極的な要求として言及するでしょう。聖なる力、調和、そしてすべての人に開かれた霊的価値への奉仕、また、もっぱら人々の霊的生活と経済生活を向上させるために、自然の力と技術の力を所有し使用すること、それが平和の概念が含意する積極的な要求です。

共生、秩序化、そして総合は、きわめて気高い決意です。その決意は国際会議に響き渡り、希望をもたらし、活力を吹き込みます。

公会議は、いっそう聖なる荘厳なしかたで兄弟性と愛の最高度の実践を称賛します。その実践は人間の本性的な要求であり、人と人、国民と国民との間に関する規則としてキリスト者に課されるものです。おお、神の摂理の神秘よ、目前に控えた第二バチカン公会議の開催はそれにより、比類のない光の中で、人類全体の上に立てられた使徒座の奉仕と霊的支配の務めを、再び明らかにし高めます。

使徒座による霊的支配

古代のキリスト教詩人プルデンティウスは、その肩書のとおり、その時代にあって、神のあがない主の勝利を歌い、ローマに、キリストからインスピレーションと名前を受けた、世界の新しい歴史の中心点というしるしをつけました（『ペリステファノン』第二歌 *Peristephanon Hymn.* II; vv. 461-470: PL 60, 324 参照）。

公会議に向かうこの準備期間中、一つの確認ができました。愛の鎖による尊い指輪は、すでにキリスト教の時代となる一世紀の終わりには、ヨーロッパ諸国やそのころに知られていた世界の諸国に、主の恵みによって普遍的な一致を完成させるために広まりましたが、さまざまな状況のために結果として緩み、事実ばらばらになってしまいました。しかし、今や再提示され、公会議の計画があちこちで吹き込む新しい息吹に無関心ではない人々の注目の的となっています。彼らは共通の古代の母、つまり聖なる普遍的な母である教会のまっ赤な炭火を囲んで兄弟が再結合することを、心配しつつも熱望しています。

ああ、典礼における祈願の、なんと美しいことでしょう。「すべてのキリスト者に平和と一致を与えてくださいますように」。ああ、聖ヨハネ福音書17章を読む者の心に、なんとあふれるほどの喜びがあることでしょう。「皆が一つになりますように。一つ、すなわち、考え、ことば、行いが一つとなりますように」。

個人的な準備と集団レベルでの準備との驚くべき一致

キリスト教の輝かしい功績を歌った古代の詩人が、正義に基づく普遍的な協働を鼓舞し、すべての民族が兄弟としてともに生きるというテーマに立ち戻りながら、際立った説得力をもって、教会のすべての子らに思い起こさせたいと願っているのは、ローマにはいつも、ペトロとパウロという二人の使徒の代表者が待っているということです。パウロは、まだ福音を受け入れていない民族にそれを告げるために、特別に選ばれた偉大な器です。他方、シモン・ペトロは、二千年の間、首位のカテドラルに座りながら天の門を開けたり閉めたりしています。ご理解いただきたいのですが、開けるのは愛する子らに対してであり、現在の生活において永遠のために門を開けるのです。

異教徒の偶像に向かって、霊感に満ちたことばで命じます。あなたがたの持ち場を放棄しなさい。完全な自由の中に、キリストの民を解放しなさい。あなたがたを追い出すのは、パウロです。あなたがたに対して叫んでいるのは、ペトロとパウロの血です。

もっと穏やかに表現すれば、カトリック教会の統治と使徒職におけるペトロとパウロの謙虚な後継者は、この公会議の集まりの前夜にあって、東方と西方からなる各地の子ら、各儀式、各言語をもった子らすべてに向かって、聖霊降臨後第十二主日の祈りをささげたいと望んでいます。個人と集団での準備、そして公会議成功のための祈願が、さらにすばらしいしかたで一致するならば、それ以上にふさわしい適切な表現は見いだせないでしょう。

わたしたち皆、そして全世界で、その準備と祈願を繰り返すことを望んでいます。今週九月十一日から、すばらしい公会議の開催の日である十月十一日まで、根気よく繰り返し続けていただくよう望んでいます。これらの声は、天上から来るかのようです。それらは、教皇、司教、聖職者、そして民の合唱曲に、音の調和を与えます。一つの賛歌だけが強力なものとして、調和あるものとして、貫き通すものとして、高く上げられます。すなわち、「キリストの光（Lumen Christi）」です。神に感謝。この光が輝いています。そして世々に輝き続けるでしょう。そう、「キリストの光」、「キリストの教会（Ecclesisa Christi）」、「諸民族の光（Lumen gentium）」です。

「全能のあわれみ深い神よ、ふさわしい喜びをもってあなたに仕えることができるたまものを、信じる人々に、あなたの恵みによって授けてください。わたしたちが何の障害もなく、速やかにあなたの約束の成就に向かって歩んでゆくことができるよう顧みてください。天と地のあらゆる場所にあって、このようにあなたに嘆願いたします。すべての人の師であり救い主である、イエス・キリストのいさおしによって。アーメン、アーメン」（聖霊降臨後第十二主日の集会祈願参照）。

公会議開会の演説

ヨハネ二十三世

一九六二年十月十一日

尊敬する兄弟の皆さん。

母なる教会は喜んでいます。神の摂理に基づくかけがえのない務めによって、最良の日がすでに輝き出していることを喜んでいます。この日に、援助者である神の母なるおとめの、母としての尊厳を今日の実り豊かな儀式で思い起こしつつ、その神の母とともに、ここ、幸いなるペトロの墓において、第二バチカン公会議を荘厳に開始します。

教会における公会議

すべての会議――二十回を数える公会議であれ、数知れない、しかし軽んじることのできない管区会議や地方会議であれ――は、何世紀にもわたって開催され、カトリック教会の活力を明らかに認め、あたかも輝く光のように教会の記録の中に列挙されています。

皆さんに話しかけている現代の不肖なる、使徒の後継者が、このすばらしい会議の招集を布告し、教会教導権を決して損なうことなく、時の終わりに至るまで、再びそれが保証されることを自らに課しました。もちろんその教導権は、現代の誤謬や必要性、時宜にかなったことがらについて説明しながら、この公会議そのものによって、地球上のあらゆる場所にいるすべての人に、特別なしかたで、現に示されています。

したがって、この全世界的な教会会議を始めるにあたり、皆さんに語りかけているキリストの代理者が過ぎ去った時を振り返り、魂を強めるはつらつとした、その時の声に耳を傾けるのは当然です。実際、古代から現代に至るまでの、教皇たちの功績を思い起こすのは心地よいことです。彼らは、四世紀から中世、近代にかけて、東方や西方で開かれた諸会議において、尊敬すべき荘重な声による証言を響かせています。この証言はたえず熱心に、神と人からなるあの社会、すなわちキリストの教会の勝利を称揚しています。キリストの教会は、神的なあがない主からその名と恵みのたまもの、その力全体を受けています。

これらから霊的な喜びを得られるとしても、数多くの痛みや苦悩が千九百年に及ぶ長い期間にわたって、この歴史を覆い隠してきたことは否定できません。実際のところ、かつて老シメオンがイエスの母マリアに向かって預言的な口で語った事実がありましたし、現在もあります。すなわち、「ご覧なさい。この子は、……多くの人を倒したり立ち上がらせたりするためにと定められ、また、反対を受けるしるしとして定められています」(ルカ2・34)。そしてイエス自身、成人した後、はっきり先を見通して、どのようにして人々がいつの時代もイエスに反対して振る舞うことになるかを示そうと、含みのある次のことばを述べられました。「あなたがたに耳を傾ける者は、わたしに耳を傾けるのである」（ルカ10・16）。さらにこういわれました。「わたしに味方しない者はわたしに敵対し、わたしと一緒に集めない者は散らしている」（ルカ11・23）。わたしたちは、聖なるルカ福音書にこれらのことばが書き記されているのを目にします。

確かに人類が解決すべき重大な困難や問題は、ほぼ二千年にわたり変わりません。事実、イエス・キリストはいつも、歴史と生のいわば中心部に位置します。人類は、キリストとその教会に寄りすがり、それによって、光と甘美さと正しい秩序と平和という善を享受します。また、キリスト抜きに生き、キリストに反対して行動し、故意に教会の外にとどまることは、人々の間に混乱をもたらし、互いの関係に軋轢《あつれき》を生じさせ、残酷な戦争の危険を招きます。

キリストと教会とのこのような一致を公会議は、開催されるたびごとに荘厳なしかたで述べています。そして、真理の光を四方に放ち、個人の生や家庭生活、社会生活を正しい小道へと導きます。霊的な力をかき立て、安定させ、真実で恒常的な善へと持続的に魂を高めます。

この特別な教会教導権、すなわちすべての教会会議の証言が、わたしたちの眼前にあります。キリスト教が始まって以来二千年にわたる、人々のさまざまな生涯を見つめています。その会議の記録は、大量の重要文書として残され、聖なる宝庫とみなすべきです。それは、ローマの町の記録庫と、世界中の有名な図書館に保存されています。

第二バチカン公会議の端緒と目的

この重大な会議のために、皆さんがここに集まっていることをわたしは喜んでいますが、この出来事の始まりと原因に関しては、もう一度、ささやかな証言を述べれば十分です。これは、わたし自身の経験に基づくものです。まず、ほとんど思いもかけず、この公会議のことが心に浮かんできました。それから、簡単なことばで枢機卿団の面前で、幸いなるあの日、一九五九年一月二十五日使徒聖パウロの回心の祝日に、オスティア街道沿いの聖パウロ大聖堂でそれを知らせました。そこに参列した者たちの気持ちはすぐさま動かされ、あたかも天上から光が差したかのように、皆の顔や目つきに喜びが表れました。他方、同時に力強い研究が全世界で燃え上がり、すべての人が公会議の開催を熱心に期待し始めました。

それから三年間、公会議の準備のために、骨の折れる作業が続きました。その作業は、現代において信仰や宗教的実践、キリスト者とくにカトリック信者の集まりの活力がどれほどの誉れをもつものなのかを、より綿密に、より豊かに探求することに関するものでした。

確かに、公会議の準備に費やされたこの時間が、ある意味、天上からの恩恵の最初のしるしであり、たまものであったと認めることは、不当なことではないと思います。

それゆえ、この公会議の光に照らされて、教会は霊的な富によって豊かにされると確信していますし、新たな力を公会議からくみ取りながら、おそれることなく将来を見通すでしょう。すなわち、時宜にかなってなされた修正や相互の助け合いによって設立された教会は、人々や家族、国家が実際に、上にあるものに心を向けられるようにするでしょう。

したがって、この公会議の開催のために、すべての善の最高の授与者であるかたに、最大の感謝が良識ある道義心に基づいて帰せられるべきであり、諸民族の代々にわたって不屈で不滅の王である主キリストの栄光が、喜びをもってのべ伝えられるべきです。

公会議開催の好機

またさらに、尊敬する兄弟の皆さん、公会議開催にあたり、皆さんの考察に役立つことがあります。すなわち、この荘厳な時にわたしの魂を揺さぶる聖なる喜びが増す中、この公会議の開始は確かに時宜にかなっていたと、一致してはっきりと断言することが許されるでしょう。

しばしば起こることで、使徒としてなすべき日々の奉仕において見いだされることですが、耳障りなこととしてわたしのところに持ち込まれる声があります。その声の主たちは、宗教的な熱意に燃えているとはいえ、物事を吟味する際の公正な評価や賢明な判断が十分ではありません。こうした人々は、人間社会の現在の諸状況において、破滅と災難しか目に入りません。そして、現代は過ぎ去った諸世紀に比べると、まったく悪い方向に進んでいるとたびたび語ります。そのため彼らのありようは、生の教師である歴史から学ぶべきことは、何もないかのごとくです。あたかもこれまでの公会議の時代には、キリスト者の教えにしろ、道徳にしろ、教会の正しい自由にしろ、すべて幸いなしかたで正しく続いてきたかのようです。

しかしわたしは、こうした悪いことがらの予言には、明らかに賛同すべきではないと思われます。こうした予言は、より劣ったことをいつも告げ、あたかも物事の破滅に固執するかのようです。

現代の一連の出来事の流れを眺めると、人間社会は物事の新しい秩序に入ったように見えますが、むしろそこに、神の摂理の不思議な配慮が認められるべきです。この配慮は、時代の経過の中で人間のわざに伴いますし、大抵は人々の期待を超えて、その帰結が生じます。またその配慮は、人類の不幸に対してさえも、すべてを教会の善へと賢明に配置します。

これを識別することは、今日の世界にある政治的なことがらや経済的なことがらに関する重大な問題や難局を注意深く考慮するならば、容易なことです。これらすべては、人々を不安にし、その気遣いや思いを、教会の聖なる教導権にかかわる宗教的な行いからそらします。こうした行為の動機には、確かに欠点がないわけではありませんし、正当に非難されるべきです。とはいえ、この現代に生じた新たな状況が、とにもかくにもある種の好機となることは、だれにも否定できません。すなわち、かつて世の子らが、教会の自由な活動を習慣的に妨げるために用いてきた数知れないさまざまな障害が、今や取り除かれる好機となります。実際、すぐにでも教会の年代記をひもといて見れば十分です。直ちに明らかになることですが、公会議自体も、その変遷は金文字で書かれた教会記録に記されていますが、政権の介入による不当な権威のために、非常に重大な困難や痛ましい出来事をたえず伴ってしばしば開催されてきました。確かにこの世の支配者は、真面目な心で教会の保護者の役割を引き受けてきましたが、しかし、それは大抵の場合、霊的な不利益や危険を伴います。彼らは、きわめて頻繁に政治的な理由によって動かされ、自分の利権を過度に求めるからです。

今日わたしは、強い悲しみを抱いていることを告白します。なぜなら、皆さんの間に多くの教会教父のかたがたがおられないからです。わたしにとってとても大事なこのかたがたは、キリストへの信仰のために鎖につながれたり、その他の障害によって妨害されたりしています。そのかたがたのことを思い起こすとわたしは、彼らのために神に燃えるような祈りをささげるよう駆り立てられます。しかしながら、希望と大きな慰めとともに、今日わたしは決心します。過ぎ去った時代のあれほどたくさんの障害を経験した教会は、このバチカンの大聖堂、もう一つの使徒たちの広間からあなたがたを通して、偉大さと重厚さに満ちた自らの声を上げようと決めたのです。

公会議の特別な任務——教えが保護され促進されること

公会議の最大の関心事は、キリストの教えの聖なる遺産がいっそう効果的なしかたで守られ、提示されることです。

この教えは身体と魂からなる人間全体を対象とします。そして、この地上の住人であるわたしたちが、旅人として天上の祖国に向かって急ぐよう命じます。

これは、次のことを示しています。わたしたちが、地上の国および天上の国のために必要な務めを果たしながら、神から前もって定められた目的を追求できるようになるには、この世での死すべき生が、どのようなしかたで形成されるべきなのかということです。すなわち、まったくすべての人は、個人であれ、社会で相互につながった人々であれ、この世での生を終えるまで、やむことなく天上の諸善を追い求める務めと、神に定められた目的を追求するために、地上のことがらを利用する務めとによって保たれます。とはいえ、地上的な諸善の使用が人々の永遠の至福を危機に陥れることがないかぎりで、地上のことがらは利用されます。

実に主キリストが「何よりもまず、神の国と神の義を求めなさい」（マタイ6・33）と述べたことは真実です。「何よりもまず」ということばは、わたしたちの力と考えをどの方向に向けるべきかを明らかにしています。それにもかかわらず、この主のおきての他のことばも軽視されるべきではありません。「そうすれば、これらのものはみな加えて与えられる」（同）。事実、いつも教会の中には、福音的完徳を得るために熱心に努めながら、同時に世俗の文化に寄与する人々がいつもいましたし、います。彼らの人生の模範から、あるいは救いをもたらす愛の行いから、人間社会における立派で崇高なことが強化され増進されます。

しかしこの教えが、人々の熱意が発揮される多くの分野――それは個人、家庭生活、社会活動にかかわるものですが――に影響を及ぼすためにまず必要なのは、教会が先人から受け継いだ真理の聖なる遺産から、決して目をそらさないようにすることです。また同時に、現代という時代も注視する必要があります。というのも現代は、新しい状況、新しい生き方をもたらし、カトリックの使徒職に新しい道を切り開いたからです。

こういうわけで教会は、今日わたしたちが使用する人知によるあの驚くべき諸発明や科学の発達に無関心ではありませんでしたし、正しく評価すべきものを不当に見逃すこともありませんでした。しかし、これらすべてを不断に配慮しながらも教会は、事物の目に見える相自体を越えて、すべての知恵と美の泉である神に目を向けるようにと、人々に忠告することをやめません。「地を従わせ、支配せよ」（創世記1・28参照）といわれた人間が決して「あなたの神である主を拝み、ただ主に仕えよ」（マタイ4・10、ルカ4・8）というもっとも重大なおきてを忘れないように、そして、過ぎ去る事物の魅力が文字どおりの真の進歩を妨げることがないようにと、やむことなく忠告します。

どのような根拠で今日教えが促進されるべきか

尊敬する兄弟の皆さん、ここまで述べれば、教えに関して公会議にゆだねられた部分は十分明らかです。すなわち、第二十一回目の公会議――実践すべき使徒職や、正しい順序で行うべきことといった、聖なることがらに関する学問において優れている人々の、価値ある効果的な助言をいただいて――において、たとえ困難や論争があっても、人類共通の遺産となるカトリックの教えを、減らすことなく、曲げることなく、丸ごと伝えたいのです。もちろんこのことは、すべての人にとって魅力的なわけではありません。とはいえ、善意を備えたすべての人に、きわめて豊かで手近な宝庫として提供されます。

しかしながら、この価値ある宝庫を、唯一の古典を研究するかのように守ることだけが、わたしたちの仕事ではありません。教会が約二千年の間築き上げてきた道をたどり続けながら、はつらつと、おそれることなく、現代が要求する課題を今や追求すべきなのです。

また、わたしたちの仕事は、その第一の目的として、教会の教えのいくつかの主要な点について議論すること、かつそのために、教父や神学者、昔の人も最近の人も伝えてきたことが、だらだらと繰り返されることを目指しているわけではありません。なお当然のことですが、伝えられてきたことを皆さんは軽んじることなく、心に留めていることでしょう。

実際、このような議論をするためだけに、公会議の招集が布告される必要はありませんでした。しかし現在、キリストの教え全体が少しも取り去られることなく、このわたしたちの時代に、あらゆる人から新たな熱意をもって受け入れられる必要があります。その熱意によって、澄んだ穏やかな心で、伝承されたことばをその厳密な意味で理解し、トリエント公会議や第一バチカン公会議の決議でとりわけ際だった、教理表現の意図をくみ取ります。キリスト教的、カトリック的、使徒的なことがらの保護者である誠実なかたがたが皆切実に待望しているように、同じ教えがより豊かにより深く知られ、魂はその教えにますます浸され、養成されることが必要です。忠実に聞き従うことが求められる確実で不変なこの教えが、現代が要求するしかたで探求され説明される必要があります。というのも、信仰の遺産そのもの、つまりわたしたちの尊敬すべき教えが含む諸真理と、それらがのべ伝えられる方法とは別だからです。とはいえ、同じ感覚であり、同じ意味です。確かに、この方法にもっとも配慮すべきでしょうし、必要ならば、忍耐強くその点で努力すべきでしょう。すなわち、本来とりわけ司牧的な性格をもつ教導権に、いっそう適した表現のしかたが用いられなければならないでしょう。

どのようにして誤謬は抑えられるべきか

第二バチカン公会議が始まるこのとき、主の真理が永遠にとどまることは、これまでになく明白になっています。実際、ある時代から別の時代へと移り変わる間に、人々の不確かな見解をわたしたちはそのつど取り除こうとしますが、気がつけば、霧が太陽によって追い払われるように、生じた誤解はいつの間にか消え去ってしまっているものです。

いかなる誤謬に対しても、教会が抵抗しないときはありませんでしたし、しばしば断罪することさえありました。それもきわめて厳格に。現代という時に関していえば、キリストの花嫁は、厳格さという武器を身にまとうよりもむしろ、いつくしみという薬を用いることを望んでいます。断罪するよりもむしろ、自分の教えの力を発揮し、今日の必要に対処すべきと考えます。それは、誤った思想や見解、警戒し粉砕しなければならない危険がないからではありません。こうした思想や見解、危険が、立派な正しい諸原理にあまりにも公然と戦いを挑み、あまりにも破滅的な結果をもたらすので、今日人々は、そうした思想や見解、危険ばかりでなく、とくに神と神の法を見下すような生き方、つまり、科学技術の進歩に対する過信や、生活の便利さだけに依存した繁栄をも、自ら非難し始めているようにみえるからです。人々は、人格の尊厳とそのふさわしい完成が、大切なことであり、達成するのがとても困難であることを、ますます知るようになりました。他方、もっとも重要なことですが、他者に加えられた外的な力、武器の力、政治的な支配は、自分たちを悩ます重大な問題の解決にはまったく十分ではないことを経験によって学びました。

このような事態の中でカトリック教会は、この公会議を通して宗教的真理の灯火を掲げつつ、すべての人の最愛の母として、自分が、優しく、忍耐強く、自分から分かれた子どもたちに対しても、あわれみと善性によって動かされるものであることを示そうと望んでいます。これほどの困難に苦しんでいる人類に教会は、かつてペトロが自分に施しを求めた哀れな者にいったように、こういいます。「わたしには金や銀はないが、もっているものをあげよう。ナザレの人イエス・キリストの名によって立ち上がり、歩きなさい」（使徒言行録3・6）。すなわち教会は現代の人々に、はかない富を差し出すことはありませんし、単なる地上的な幸福を約束することもありません。そうではなく、人々を神の子の尊厳に高める上からの恵みという善を分け与えます。それは、強い保護と援助によって、人々の生活をより人間的なものにするためのものです。また教会は、もっと豊かな教えの泉を開きます。その泉で人々はキリストの光に照らされて、人間とは実際何者なのか、どのような尊厳によって卓越しているのか、どんな目的を追求すべきなのかということを、奥深くから理解することができます。さらに教会は、自分の子らによって至るところにキリスト教的愛の広がりをもたらします。不和の種を取り除くのに、この愛よりも適切なものは何もありませんし、心の一致、正しい平和、すべての人の兄弟的一致を進めるのに、この愛よりも効果的なものは何もありません。

キリスト教家族と人類家族との唯一性がはぐくまれるべきである

広め守るべき真理に関する教会のこのような気遣いが生じるのは、「すべての人々が救われて真理を知るようになることを望んでおられる」（一テモテ2・4）神の計らいに従って、啓示された教え全体を守ることによって成長すればこそ、魂のきわめて堅固で絶対的な一致に人々は到達できるからです。この一致に、文字どおり真の平和と永遠の救いとが結びついています。

しかし、真理におけるこの目に見える一致を、残念ながらまだ、キリスト者の全家族が、十分で完全なしかたで追い求めているわけではありません。そしてカトリック教会は、イエス・キリストが自らの卓越した犠牲によって、天の父に熱烈な祈りで求めた一致の偉大な神秘を達成するため、勤勉に働くことを自分の務めと考えています。それどころかカトリック教会は、うるわしい平和を享受しています。というのも、キリストのこの祈りに自分が堅く結ばれていることを知っているからです。さらにこれらの祈りが、教会の囲いの外で歩む人々の間でさえも、いっそう健全で豊かな実りをたえずもたらすのに気づいて、純粋な心で喜んでいます。というのも、よく考えてみれば、イエス・キリストがご自分の教会のために達成したこの一致そのものは、上からの救いの光の三重の光線によって輝いているように見えます。すなわち、まずカトリック信者どうしの一致です。これはきわめて堅く模範として輝くものとして守られる必要があります。次に、敬虔な祈りと熱い誓いに基づく一致です。これは、この使徒座から分かれたキリスト者たちが、わたしたちと結ばれることを願うものです。三つ目は、カトリック教会に対する評価と注目に基づく一致です。これは、依然としてキリスト教とは異なる、宗教のさまざまな形態を表明する人々が主張するものです。

そのため、大いに嘆くべきことがあります。今なお人類の大部分が——生まれ出でた人々すべてが、キリストの血そのものによって買い戻されるとしても——いまだにカトリック教会のうちに保たれている、上からの恵みの泉にあずかれていないということです。したがって、カトリック教会の光はすべての人を照らし、その超自然的な一致の力は人類家族全体の進歩に及ぶので、このカトリック教会に、次のチプリアノの優れた称賛のことばは適切に当てはまります。「主の光に照らされた教会は、全地にその光線を及ぼします。とはいえ、その光は一つです。それは至るところに注がれていますが、からだの一体性が損なわれているわけではありません。その実り豊かさによって、地上全体にその枝を伸ばし、豊かに流れ出た、さまざまな流れが広がっています。それでも頭《かしら》は一つであり、その始まりも一つ、多くの後継者を生み出す豊かな実りの母も一人です。教会の分娩によってわたしたちは生まれ、その父によって養われ、その霊によって生かされます」(『カトリック教会の一致について』*De Catholiae Ecclesiae Unitate*, 5)。

尊敬する兄弟の皆さん。

第二バチカン公会議は、このことを目指しています。公会議は、教会の優れた力を一つに集め、救いの使信が人々から喜んで受け入れてもらえるよう熱心に努めつつ、人類の一致を実現するための、いわば道を開き建設します。この一致は、地上の国家が天上の国家の似姿となるために必要な土台のようなものです。「天上の国の王は真理、その法は愛、そのありようは永遠です」(聖アウグスティヌス『書簡一三八』*Ep.*, *138*, *3*)。

結び

さて、司教職にある尊敬する兄弟の皆さん、今や「わたしたちはあなたがたに率直に語っています」(二コリント6・11)。すでにわたしたちは、このバチカンの大聖堂に一つに集まっています。教会の歴史が、ここを軸として回っています。ここで今、天と地がきわめて堅いきずなで結ばれています。このそばに、聖ペトロの墓、そして多くのわたしの先任者たちの墓があります。彼らの遺骨は、この荘厳な時に、隠れたどよめきとともに喜んでいるかに思われます。

公会議が開始されることで、教会の中に、光り輝く一日が始まりつつあるかのようです。今は曙《あけぼの》にすぎませんが、すでに最初の曙光《しょこう》がわたしたちの魂を実に甘美に照らしています。あらゆるものが、ここで聖性の香りを放ち、喜びをかき立てます。わたしは、星々がその明るさによって、この神殿の偉大さを引き立てているのをじっと見つめます。その星々とは、使徒ヨハネの証言（黙示録1・20参照）によれば、皆さんです。そしてあなたがたを通して、使徒の長の墓のそばで金の燭台《しょくだい》が光を放っているのをじっと見つめます。その燭台とは、あなたがたにゆだねられた教会のことです（同参照）。同時にわたしは、五大陸からローマにやって来られた立派なかたがたが、それぞれの国の立場を担われ、あらゆる敬意と人間的な期待によってここに列席しておられると承知しております。

それゆえ、はっきりといわなければなりません。天上の存在と人間とが、公会議を行うために協働していると。幸いなる天上の住人たちの役割は、わたしたちの作業を見守ることです。キリスト信者たちの役割は、燃えるような祈りを神に向かって注ぎ続けることです。皆さんの役割は、聖霊の上からの促しに速やかに聞き従い、多様な諸民族の願望や必要に適切に応じるよう、労を惜しまず熱心に働くことです。これの成就のために皆さんに求められることは、魂の晴れやかな平安、兄弟的な心の一致、無理のない計画、品位ある討論、あらゆる熟慮に耐える知恵です。

皆さんの熱意と働きが、豊かに満たされますように。そこに、人々のまなざしばかりでなく、全世界の希望が向けられています。

全能の神よ、わたしたちの頼りない力ではあっても、あなたに全幅の信頼を置きます。あなたの教会のこの牧者たちを、寛大な心で顧みてください。あなたの上からの恵みの光がわたしに臨み、助言を受け取ることができますように、法を布告することができますように。そしてこれらの祈りを、一つの信仰、一つの口、一つの魂で、あなたに向かって注ぎます。喜んでお聞き届けくださいますように。

おお、マリア、キリスト者の助け手、司教たちの助け手よ。最近、ロレトの聖堂で受肉の神秘を崇敬しましたが、そこであなたの愛を特別なしかたで実感しました。すべてが喜ばしい、幸運な、成功した帰結へと向かうよう、あなたの力によって配慮してください。マリアよ、あなたの伴侶である聖ヨセフと一緒に、使徒聖ペトロ、聖パウロ、洗礼者聖ヨハネ、福音史家聖ヨハネとともに、神のもとでわたしたちのためにお執り成しください。

イエス・キリスト、わたしたちの大事なあがない主、諸国民と諸時代を統《す》べる不死なる王に、愛と権能と栄光が代々にありますように。アーメン。

すべての人にあてた公会議教父のメッセージ

第三総会

一九六二年十月二十日

生ける神の子イエス・キリストによってこの世にもたらされ、その教会にゆだねられた、救いと愛と平和の使信を、あらゆる人、あらゆる国に送ることは、きわめて適切であると思われます。

そこで、教皇ヨハネ二十三世の命によって集まったわたしたち使徒の後継者は、ここでイエスの母マリアと心を合わせて祈りつつ、ペトロの後継者を頭《かしら》とする、一つの使徒団を形成しています。

イエス・キリストの面影が輝くように

この会議で、聖霊の導きによってわたしたちが見いだそうとしていることは、キリストの福音によりいっそう忠実であるために、どのようにわたしたち自身を刷新しなければならないかということです。神の健全で純粋な真理をこの時代の人々が理解し、喜んで同意するように伝えようと努めています。

わたしたちは司牧者ですので、神を求めるすべての人の欠乏を満たそうと望んでいます。実際、神は「彼らが探し求めさえすれば、見いだすことができるのです。神はわたしたち一人ひとりから遠く離れてはおられない」（使徒言行録17・27）からです。

それゆえ、キリストがご自身を死に引き渡したのが、「しみやしわのない、聖なる、汚れのない教会をご自分の前に立たせるため」（エフェソ5・27参照）であったように、わたしたち教会の先頭に立つ者たちも、そのキリストの意志に従い、すべての力と思考を自分たち自身と、さらに自分たちにゆだねられた群れに向かわせ、「神の栄光を悟る光」（二コリント4・6参照）をわたしたちの心の中で輝かせるイエス・キリストの愛すべき面影が、諸民族に現れるよう刷新に努めるのです。

神はこの世を愛しました

御父は、その独り子をお与えになったほどに世を愛されたと、わたしたちは信じています。実際、御父はその独り子によって、わたしたちを罪の奴隷から解放したので、万物は御子によって御父と和解し、「その十字架の血によって平和を打ち立て」（コロサイ1・20参照）、その結果、「わたしたちは神の子と呼ばれ、事実、神の子となりました」。霊がわたしたちの上に御父から与えられましたが、それは、わたしたちが神の生命を生き、神と兄弟を大切にし、わたしたちが皆キリストにあって一つとなるためです。

しかし、キリストに寄りすがりながら、地上の務めや苦労から離れるどころか、反対にキリストへの信、望、愛がわたしたちを兄弟たちに奉仕するよう駆りたて、「仕えられるためではなく仕えるために来た」

（マタイ20・28）神聖な教師の模範に従って形づくられます。したがって教会もまた、支配するためではなく、奉仕するために誕生しました。キリストは、わたしたちのためにいのちを捨てました。そこでわたしたちもまた、兄弟のためにいのちを捨てなければなりません（一ヨハネ3・16参照）。

それゆえ、公会議の成果によって、信仰の光がいっそう明るく生き生きと輝き出すことを希望していますが、他方、それによって、実り豊かな刺激をさらにもたらす霊的刷新を期待しています。その刺激とは、科学の発見、技術の進歩、文化の幅広い伝播といった、人間的諸価値が高まるためのものです。

キリストの愛がわたしたちを駆り立てています

世界のあらゆる民族から集まったわたしたちは、わたしたちにゆだねられているすべての人の、苦難、物質的・精神的窮境、悲しみ、願望、希望を、心の中に抱いています。わたしたちは、現代の人々を悩ますあらゆる不安をじっと注視しています。したがって、とりわけ身分の低い人、貧しい人、弱い人に、わたしたちは配慮しています。キリストに従うわたしたちは、飢えと悲惨と無知に苦しんでいる多くの人に思いを寄せています。また、時宜を得た助けがないため、人間にふさわしい生き方に至らない人々に、しっかりと目を配っています。

それゆえ、わたしたちが取り組む偉大な作業において、人間の尊厳に関するすべてのことがら、真の人間共同体に関するすべてのことがらを取り扱うつもりでいます。「キリストの愛がわたしたちを駆り立てて」（二コリント5・14）います。実際、「兄弟が必要な物に事欠くのを見て同情しない者があれば、どうして神の愛がそのような者の内にとどまるでしょう」（一ヨハネ3・17）。

二つの重要な課題がわたしたちの前に置かれています

教皇ヨハネ二十三世は、一九六二年九月十一日のラジオ・メッセージで、次の二つの点を強調しました。まず第一に、諸国間の平和の問題があります。戦争を憎まない人は一人もいません。熱烈に平和を望まない人はいません。しかし、すべての人の中でもっともそれを熱望しているのは教会です。なぜなら教会は、すべての人の母だからです。教会は平和への愛を、歴代教皇の声によって、公に宣言するのをやめることは決してありませんでした。さらに、平和への意志を宣言し、心を尽くして平和のために援助する務めを実行しようと努める健全な人に、いつも協力する準備ができていることを宣言してきました。教会は諸国民の連帯、相互協力と互いの尊重のために、全力を挙げて尽くしています。驚くほど多様な民族、国、言語の代表者からなるこの公会議は、兄弟愛に基づく共同体をあかしし、その目に見えるしるしとして際立っているのではないでしょうか。どのような民族、どのような国に属していようとも、すべての人が兄弟であることをわたしたちは宣言します。

次に、教皇は社会正義を強調しています。回勅『マーテル・エト・マジストラ』の中に説明された教説は、どれほど教会が現代世界に必要であるかを明らかに示しています。というのも教会は、不正や不当な差別を告発し、諸価値の真の秩序を再興して、人間の生活を福音の諸原則に従っていっそう人間らしいものとするからです。

聖霊の力

わたしたちは、人的資源も地上的権力ももっていません。しかしわたしたちは、主イエス・キリストが教会に約束した神の霊の力に信頼を置いています。したがって、司牧者として奉仕しているわたしたちの兄弟だけでなく、さらにキリストを信じるすべての兄弟たちに、また神が、「救われて真理を知るようになることを望んでおられる」（一テモテ2・4参照）すべての善意の人に、謙虚に熱心に呼びかけます。あらゆる人がわたしたちと一つになって、いっそう正しい兄弟的な国を、この世の中に建てるために働くよう呼びかけます。愛によってすでにある程度、神の国がこの地上において、永遠の神の国の反映として輝くようになること、これは神の計画です。

科学の進歩そのものは、確かに驚くべきものではありますが、しかし必ずしも、より上位の道徳法則に向かっているわけではありません。このような科学の進歩によって生じた脅威のため、依然としてこの世は、待ち望む平和から遠く隔たっています。そんなこの世の真っただ中に、わたしたちの唯一の救い主イエス・キリストへの大きな希望の光が、どうか輝きますように。

第三十六回総会での演説

ヨハネ二十三世

一九六二年十二月七日

尊敬する兄弟の皆さん。

わたしはまったく特別な喜びをもって、第二バチカン公会議の最初の会期の終わりにあたって、このサンピエトロ大聖堂に集まった皆さんに、今日、ごあいさつを述べさせていただきます。

今、マリアの祈り、すなわち、わたしたちにとってもっとも甘美な「お告げの祈り」が唱えられ、皆さんの総会が終了しました。この総会によって、この二か月の間に実に厄介な仕事がゆだねられました。

今、喜んではっきりと断言いたしましょう。わたしはこの期間ずっとあなたがたと、これまで以上に強くつながっていました。まずは祈りによって。わたしは、すべての善を与えてくださる全能の神に固く信頼して、あなたがたのために祈りをささげました。次いで、魂の熱心な集中によってつながっていました。その集中によって、あなたがたの働きを心地よく見守りました。

それゆえわたしは、今日のこの機会を喜んで活用し、皆さんに感謝の意を表したいと思います。実際皆さんは、導いたり、文書を著したり、語ったり、助言を与えたりして、優れたしかたで司牧的配慮を示しました。そのあなたがたを通して、全世界至るところで、この時代にあってあなたがたの会議に大きな希望と期待をもって目を向けている全カトリック信者の声が、何らかのかたちでわたしに届きました。

さらに、あなたがたの会議の中で愛が真に主要な場を占めたことで、わたしはあなたがたに対して正当な称賛を送りましたし、またそれは、神に多くの感謝を帰する理由でもあります。このすばらしい会議で、一、聖、公、使徒継承である教会が全世界に示した光景を祝福することは、まことに適切であると思います。

この十月十一日に、カトリックの司教たちはわたしとともに、その立場にふさわしいしるしを身に帯びて荘厳な行列を行い、その翌日の儀式に備えました。その日、教える教会は自らが注目されるべきであることを示しました。かけがえのない機会に集まって、公会議の課題となる目的を成就するために、信仰と道徳の研究と明確化に集中し始めました。

他方、この間の水曜日の光景については、どういったらよいのでしょうか。心の奥底から魂が揺り動かされ、わたしの目は、あなたがたの際立った動きに釘《くぎ》づけとなりました。ペトロの広場であなたがたの動きは、炎のように輝いていたからです。

皆さんは、あのきらめくような会議で、御父をその子らとともに見ました。皆さんは司教職にある兄弟として、御父とともに幸いなる天使たちの前に集まっています。ですから、御父とともに祈りを増し加えるならば、御父に対して、あなたがたの心の願いと祝福を示すことになるでしょう。その与えられた機会に、感謝の賛歌をイエス・キリストとそのうるわしい母に、わきたつ心でわたしはささげます。

こうしたあなたがたの愛の表現のおかげで、わたしは皆さんに、何度も何度も大きな感謝の念を表明できるのです。

わたしは今、魂を震わせながら明日を楽しみに待っています。明日、使徒の頭《かしら》であるペトロのすばらしい墓のそばで、この会期の作業を終わり、自らの司教座に帰っていこうとしている皆さんにあいさつを送るつもりです。キリスト者の全体がすでに熱心に関心を寄せている荘厳な儀式の中で、子としての敬虔から、無原罪のおとめ、神の母であり、わたしたちの母であるかたに、優しい助けによってわたしたちに間断なく、み摂理が成就しますようにと嘆願します。天上の聖人たちとともに聖母が助けてくださるので、あらゆる誉れと実りをもって、奉仕の務めを果たし続けます。その奉仕の務めが目指すところは、キリストの福音が現代の人々にますます知られ、それが喜んで実践され、市民文化のあらゆる領域に、安全な歩みで広がってゆくことです。これ以上に望ましい奉仕はありません。

それが、公会議が招集された唯一の意図であり、わたしたち皆、聖なる教会の中で司牧者の役割を担う者だれもが、大きな期待と信頼をもってそれを望んでいます。

尊敬する兄弟の皆さん、これらは兆しであり願いです。これらを胸の奥底から皆さんの面前に、今日大いに注ぎ出したいと望みました。聖なる詩編の声が述べるあの喜びを、何度も何度も味わいたいのです。すなわち、「見よ、兄弟がともに座っている。なんという恵み、なんという喜び」（詩編133・1）。

明日もう一度お目にかかることを父の心で喜びつつ、上からのもっとも慈悲深いたまものを皆さんのために懇願し、使徒的祝福を皆さんに真心込めて送ります。

第一会期閉会の演説

ヨハネ二十三世

一九六二年十二月八日

第二バチカン公会議の第一会期は幸いなるおとめマリアの母たることを祝う祝日に始まりましたが、くしくも、聖マリアの無原罪の御宿りを祝う大祭日に終了することになりました。神の母であり人類の母であるおかたから発する光が輝いています。

去る十月十一日の公会議開会の日と今日ここに行われる集まりは、神秘的な天上のアーチで結ばれています。この二つの典礼儀式は、神にささげるべき感謝を示す格好の喜びの機会を提供しています。加えて、この同じ日にピオ九世が第一バチカン公会議をお始めになったことを思い起こすとき、より深い感慨を覚えます。

このような期日の符号を考えるにつけ、教会の偉大な出来事の数々は、偶然とはいえ、輝く星としてのマリアの照らしと、その母としての保護のもとで生起していると理解してよいでしょう。教会会議は、その実、神への信仰をささげる行為、神のおきてに従う行為、神であるあがない主の御計らいに誠心をもって沿うよう努める行為です。御計らいというのは、「みことばがおとめマリアから肉となった」、その計らいのことです。本日、無原罪のおとめを「エッサイの根から」（イザヤ11・1参照）生え出たおかたとして、そしてその根から花の咲き出すのを思い起こすとき、わたしたちの魂は大きな喜びに満たされます。実に、尊い待降節の時が進むにつけ、ますますこの花が見られます。

五つの大陸から集まった司教各位は、このペトロの聖堂から大切な自分の教区に向かい、寄り添う自分の群れの牧者としての職務を果たし続けようとするとき、今までなし遂げられたことがらを思い起こし、力を振るい、行為の規範を考え、未来を見据えます。こうして、この偉大な企てが完全に実現するための道が、期待をもって策定されます。

今ここで、三つのことを申し上げたいと思います。すなわち、公会議の始まりと進展と期待される実りについてです。期待される実りとは、教会の中に、さらにまた社会生活の中に、信仰と聖性と使徒的派遣とが光を放つようにということです。

公会議の荘厳な開会の場面は、忘れることができません。全世界から、司教各位がここにお集まりになりました。これは、世々にわたり今に至るまでなかったことです。「一、聖、公、使徒的教会」は、まばゆいほどの光に輝いて、自らを人々に提供します。教会は、永遠の任務から、まさに約束の時に生じ、結合の強さを示し、自らの教えが備える心動かす魅力的な力を発揮しています。また、それぞれの国を代表してこの会議の開会に列席するために、多くの民族の中から多数のかたがおいでくださったことも忘れることができません。現代の人々が驚きをもってこの会議の始まりを待望してくださったということに対して、そして各方面から特別の関心と敬意と尊敬とを異口同音に表明してくださったことに対して、衷心から感謝の意を幾重にも繰り返したいと思います。

1　会議の始まり

十月十一日の記念すべき日に、公会議に参加した教父たちの共同の仕事が始められました。公会議の第一段階を終えた今、なし遂げられたことを少しばかり顧みるのはよいことと思います。

第一会期は、ゆっくりと厳粛なしかたでこの公会議の戸口を開き、その偉大な作業が始まりました。教父たちは、熱心にこの仕事の深い意味と理由、言い換えれば神の計らいの中に分け入っていきました。遠い各地からこの長い伝統をもった聖座に参集した兄弟たちが触れ合い、互いに心を通わせ合うために、相まみえる必要がありました。おのおのが、自分の経験で修得した知識を熟慮しつつ実り豊かに伝え合い、世界各地の異なった状況で行われている使徒職の諸活動について知らせ合う必要がありました。

容易に納得できることですが、愛徳を保ちながらも見解の相違が生じることは、もちろん決して驚くべきことではないものの、人々の心をいささか動揺させるので、これほど大きな集まりにおいては、見解の一致に至るために少なからず時間が必要でした。

このこと自体、真理が明るみに出て、神の子たちの神聖な自由が教会の中で活性化していることが、すべての人の前に明らかにされるための、神の深い計らいによるものでした。

また会議が聖なる典礼に関する議案をもって始まったのも、偶然のことではありません。典礼は人々と神との間に関するものであり、神の啓示と使徒継承の教導職のうちに堅固な基礎をもつべきもっとも重要なことがらであって、どの社会にもたびたび見られる軽率さと性急さをもってではなく、広い視野のもとに判断されて、人々の魂のためとなるよう努める必要がありました。

続いて五つの議案が上程され、これについて討議が行われ、見解が表明されました。それは、おのおのの憲章の最終確定的な作成および承認を達成するために、もっとも有用なことと思われます。こうして、今後の討議のためのよい出発ができたと考えられます。

2　会議の進展

さて、尊敬する兄弟の皆さん、皆さんが各自の司教座にお帰りになった後に、沈黙に覆われつつ、しかも重要性の少しも劣らない、この九か月の休会期に行われる仕事に目を向けてみましょう。

それぞれの教区にある皆さん一人ひとりを思い浮かべるとき、わたしの気持ちは喜びに満たされます。というのも、ここからお帰りになった皆さんは、必ずや信頼と愛徳に輝く顔を各自に託された人々の前にお示しになり、そしてまた、教皇とともにますます熱心に神に祈ってくださるに違いないと思うからです。ここで思い出すのは、集会の書に「自分は祭壇の傍らに立ち、その兄弟たちは彼の周りに輪を作っていた」（シラ50・13）＊とある大祭司シモンに関することです。

皆さまもお分かりのように、わたしたちの今後の努力は、このような祈りと志の一致を出発点としています。

この休会中の日々によって、会議のための仕事のすべてが中断されるのではありません。従来の公会議の休会期間中に行われたこと以上に、今回わたしたち一人ひとりに残された仕事はむしろ重要なものです。

というのは、今日の生活条件によって、使徒職にかかわる個人や物の信頼できる交流は、あらゆる面でより容易になっているからです。

普遍教会の部分を示すために、枢機卿団と司教団の幾人かからなる新しい委員会が最近構成されましたが、それもまた、会議の仕事が中断されないことの証明です。この委員会の仕事は、これからの仕事を用意し調整することであって、各個の公会議委員会と相談のうえ、会議の完了のための堅固な基礎を据えることです。したがってこの九か月の間、会議は中断されますが、仕事は熱心に続けられます。

おのおのの司教は、司牧の仕事に追われることがあっても、今提示されている議案と、今後適宜送り届けられる資料を検討し、注意深くご判断くださることでしょう。来年の九月に開かれる会期には、教父各位は再びローマに集まり、この第一会期で得られたところを大いに利用して、確実、堅実、迅速に事を運べるでしょう。こうして、トリエント公会議終了の四百年に当たる来年には、主イエス・キリストのご降誕の聖なる喜びの日々に、人々皆の待望している仕事の完成を見ることができるでしょう。そのとき、人となられた神のことばの栄光を見て、人は礼拝するでしょう。

3　会議の実り

大いなる信頼をもって人々の一致した努力への道を開くように始められた、この広汎な領域にわたる仕事の完成を待望の心をもって思うとき、会議を初めに招集したときに胸に抱いた、偉大な計画の達成を待望せずにはいられません。それは、「信仰に堅固、希望するに堅実、そして神の愛にはいっそう燃えて、尊い教会は新しい若々しい力に満たされる。そして尊い法規に固められて、キリストの国を広めるために、いっそう効果的かつ迅速になることが期待される」のです（ドイツ司教団への親書、一九六二年一月十一日）。

当然のことながら、会議の作業の終了後に初めて公布される公会議の諸規範はまだできていませんが、そこから生じるであろう救いの実りを、今から渇き求める心で取り入れるのはよいことでしょう。そしてこの実りを、カトリック教会の子たちだけが摘《つ》み取るのではなく、キリスト者の名をいただいている兄弟たちの上にも、それが及ぶようにと神に祈るものです。また、キリストの光をまだ受けていないながら、古くからの尊い文化の遺産を先祖から受け継いでいる無数の人々の上にも、その実りを及ぼしてくださるようにと祈るものです。そのような人々が、福音の光を恐れるはずがありません。すでに過去にもたびたびあったことですが、その人々のもとに見いだされる宗教心と文化の芽生えに磨きをかけて実らせるために、福音の光は大いに役立ちうるでしょう。

　未来を待望して、すでにそのようなことをわたしの心は予期しております。尊敬する皆さん、皆さんも、同じ願いを心に抱いていらっしゃるのを知っています。

　そのときが到来したならば、教会の努力のあらゆる分野で、したがって社会的なことがらの分野においても、この会議で決まったことと、この公会議によって制定された規定によって、すべてが実行され、人が進んで寛大にこれに従うことが必要となるでしょう（「公会議のための聖霊への祈り」参照）。

　この仕事は確かに重要な仕事であって、皆が力を合わせて健全な教えを説き、そして公会議の法規を忠実に実行することを、尊い牧者である司教たちに求めるものとなるでしょう。そのためには、教区司祭および修道会司祭、そしてまた修道会の助けのみならず一般信徒にも、それぞれの能力と職責によって助けを求めなければならないことになるでしょう。キリスト信者が活発に、そして忠実に公会議の仕事にこたえることが、皆の任務になるでしょう。

そのとき、人々が待望する新しい聖霊降臨の日が輝くでしょう。そして教会を霊的な力でいっそう豊かにし、教会の母としての息遣いとその救いの力を、すべての人間の努力の分野にますます広めることでしょう。そのときキリストのみ国は、新たに成長し大きくなるでしょう。そのときついに、より高く、より快く、全世界に人類のあがないの喜びの知らせが響き渡るでしょう。そしてこの知らせによって、全能の神の最高の法とともに、人々の間の兄弟愛のきずなと、善意の人々にこの地上で約束されている平和が、固められるでしょう。

尊敬する兄弟の皆さん。

今、感謝に満ちた心の思いはこのようなものであって、大きな希望と祈りがそこから生じます。この会期の仕事を終えて皆さんは、各自の国に、自分に託された群れのほうへと帰っていかれます。出発なさる皆さんを見送って願うことは、各地の司祭と信者に、教皇が皆の幸せを祈っていることをお伝えくださり、あらゆることがらの雄弁な解説者となってくださいということです。ここで、第一バチカン公会議のおりにピオ九世が、幾人かの司教におっしゃったことばを繰り返したいと思います。「親愛なる兄弟たち、心を一つにして神の家の中を歩むのは、なんと快く楽しいことではありませんか。いつもこのように歩みなさい。主イエス・キリストは使徒たちに平和をくださったのですから、不肖の代理者であるわたしも、主の名によって平和を授けます。平和は、ご存じのように恐れを追放します。平和は、ご存じのように知恵なきことばに耳をふさぎます。どうか、皆さんの一生の日々に、この平和がついて回りますように」(Mansi 1869-70, p. 765, 158)。

この数か月にわたって一堂に相会し、ピオ九世のことばが適切に言い表している喜びを味わってきました。

これから先の道程には、まだ遠いものがあります。しかし、教会の最高牧者は、皆さんの一人ひとりに、敬愛の思いをたえず向けていることを知っていただきたいと思います。皆さんが、これからも司牧の仕事に従事なさるとき、それは公会議完成の努力と少しも切り離されるものではありません。われわれが共同で果たさなければならない、三重の仕事の分野があります。皆さんを励ましたく思って、今日、このようなことを申し上げました。輝かしい始まりをもって、この偉大な仕事を達成するための、まず最初の戸口が開かれました。そしてこれからの数か月、共同の努力が続けられ、こうして公会議が、ついに信、望、愛の実りを人類家族の中に生み出すようになります。この三つのことが、この会議の重要性を明らかにしています。

重要な仕事と重荷が待っています。しかしながら道中、神自らが支えてくださいます。

無原罪のおとめマリアが、いつも一緒にいてくださいますように。また、ナザレの家族の保護者として神から授けられた聖ヨセフが、道中守ってくださいますように。公会議の保護者であるマリアの夫ヨセフの名は、今日からミサの典礼式文の中に輝きます。そして、聖ペトロ、聖パウロも、洗礼者ヨハネならびに神の教会のすべての祭司と牧者と教師も、ともにいてくださいますように。

使徒の長の墳墓の傍ら、キリスト教家族の主たる大聖堂に、こうしてわたしたちは集まっています。しかしながらローマ教区司教座聖堂は、神なる救い主イエスにささげられた、すべての教会の母であり長である、ラテラン大聖堂であることを思い起こすのは有益でしょう。「願わくは万世、諸国民の王にいまし、不死にして見えたまわざるおかたに、世々、栄光と支配あらんことを」（一テモテ1・17、黙示録1・6参照）。

この快い喜びの感動のうちにあって、頭上に天が開き、天の広場の輝きがわたしたちの上に輝き、その結果、堅実な希望、信仰の超自然的安定性、平静な喜びと平和がわたしたちに授けられます。

このような天上からの光に照らされて、再びおいでくださるのを待望しつつ、尊敬する兄弟の皆さん、「聖なる口づけによって」(ローマ16・16参照)ごあいさつ申し上げます。神の恵みの豊かならんことを祈りつつ、その保証として、祈願を込めてお送りする使徒的祝福をお受けください。

第二会期開会の演説

パウロ六世

一九六三年九月二十九日

キリストにおける兄弟の皆さんにごあいさついたします。わたしは、聖なるカトリック教会が位階制の秩序を設立したすべての地域から皆さんを招きました。皆さんはわたしの招きにこたえて、第二バチカン公会議の第二会期をわたしとともに開催しようと、進んで参加してくださいました。今日ここに、キリストを信じる民の保護者である大天使ミカエルの助けのもとに第二会期を開会できることは、わたしにとって大きな喜びです。

東から西から、また北からも南からも、代表が集っているこの荘厳で兄弟的な集まりに、前もって決められ、よく知られた名前「教会（Ecclesia）」、すなわち「集まり、招集」という名称が適切に与えられますように。この光景を見つめるとき、わたしの心に思い浮かぶ次のことば、「その声は全地に響き渡り、そのことばは世界の果てにまで及ぶ」（ローマ10・18、詩編19・5）が、今や新たな意味で実現しますように。驚くべきしかたで結合された、神秘的な教会の概念が輝き出しますように。その概念に基づいて、わたしたちは「唯一で普遍的な」教会を宣言しています。そして、普遍教会の証明となるこの光景を目にするとき、その使徒的起源ばかりでなく、愛すべき神の教会が実現しようと努めている、人類の聖化という目的についても考えるよう促されます。教会という独自の概念となるものが光を放ちます。キリストの花嫁の顔が輝きます。わたしたちすべての魂が燃え立たせられる感覚というものは、もちろん経験されるものですが、いつも秘められていて、わたしたちがキリストのからだであることを理解させ、同時に、世俗の人々には依然として知られていない、最高の喜びを味わわせるものです。その喜びは次のことばに表れています。「兄弟たちが一つになって住むことは、なんと喜ばしいことであろうか」（詩編133・1）。＊ですから、今繰り広げられている人間的かつ神的な出来事から生じていることを発端から見つめ、心に刻むことは、少なからず意味あることだとわたしは考えています。わたしたちはここに、再び最後の晩餐のように、所狭しと集まっています。場所が狭いからではなく、集まった人の数が多いからです。天国からはキリストの母おとめマリアも、確かにわたしたちの集まりに参加しておられます。使徒聖ペトロの権威と役目とにおいて同じではありますが、時間的にも、仕事の上からも、末席の後継者であるわたしの周りに、尊敬する兄弟である皆さんが集まってくださいました。あなたがたもまさに使徒であり、使徒団に起源があり、その使徒団の真実の相続者です。ここに同じ信仰と同じ愛をもって、わたしたちは一つに結ばれ、祈りをささげるでしょう。ここで疑いもなく、聖霊の上からのたまものをわたしたちは受けるでしょう。聖霊は現前し、燃え立たせ、教え、強めてくださいます。ここにおいて、あらゆる国民のさまざまなことばが一致し、同一のメッセージが全世界に告げられるでしょう。ここに至るまで、教会はこの地上において、約二千年にわたる巡礼の旅を続けてきました。ここに、全世界から招集された使徒団は、どのような渇きをもいやし、新たな渇きを引き起こす泉のもとで回復します。また、ここから使徒たちは、この世界とこの時代を超えた目標に向かって旅路を続けていきます。

尊敬する兄弟の皆さんにごあいさついたします。このように皆さんを迎え入れているわたしは、イエス・キリストから聖ペトロにゆだねられた最高の権能の鍵をもってはいても、あなたがたの中でもっとも小さい者、神のしもべのしもべです。わたしがこのようにあなたがたに感謝しているのは、あなたがたがキリストに寄せる従順と信頼のあかしゆえです。わたしが現にこのようにあなたがたに接しているのは、あなたがたとともに祈り、話し、考え、働きたいと望んでいるからです。この偉大な公会議の第二会期の最初から、わたしは不死なる神をあかしし、人間的な支配欲にかられたり、独占的な権力を追求したりするものではないことを証言いたします。むしろ、神からの果たすべき命令に含まれる願いと意志とがあることを証言します。その願いとは、わたしとあなたがた兄弟たちとを立て、そしてあなたがたの間で、あなたがたすべての最高牧者を立てることです。あなたがたにゆだねられていることは、わたしの「喜びと冠」（フィリピ4・1参照）を作ること、すなわち「聖徒の交わり」、わたしに対する忠実、わたしとつながった魂、わたしと結びついた働きをなすことを求めています。他方、わたしは代わりにあなたがたに、尊敬、評価、信頼、愛を送ります。これらを送ることを、わたしは大いに喜んでいます。

伝統に従って、この機会にわたしは、あなたがたに最初の回勅をお送りするつもりでした。しかし、公会議という喜ばしい、またとない機会に、口頭で皆さんにお話しできることを、どうして文書で差し上げる必要があろうかと考えました。もちろんわたしは、申し上げたいこと、文書ならばもっと容易に表現できることの、すべては言い尽くせません。しかしこの訓話が、公会議にとっても、また教皇の職務にとっても、一つの前置きになりうると思います。そういうわけで、今日の話を、多忙な日々が過ぎ去った後に、できるならば、皆さんに差し上げたいと願う回勅の代わりにしたいと思います。

故ヨハネ二十三世に対する賛辞

さて、皆さんにごあいさつしましたので、今度はわたし自身のことを皆さんに紹介しなければなりません。わたしはつい最近、教皇職に就きました。ですから、その職務を執り行っているというよりも、むしろ始めようとしています。ご承知のように、幸いにも、至聖なるイエスのみ心の祭日に重なった去る六月二十一日に、ここに出席しておられ、わたしが尊敬を示したいと思っている枢機卿団は、わたしが人間としてもっている弱点にもかかわらず、ローマ司教の座に、すなわち、全教会の最高の祭司に選び出してくださいました。

それゆえ振り返りますと、わたしは大切な前任者ヨハネ二十三世を思い出さずにはいられません。その名を聞くとき、わたしも、また、この同じ場所で教皇に接することのできたすべての人も、その慈愛深い祭司の姿を思い出すことでしょう。昨年の十月十一日に、教皇は第二バチカン公会議の第一会期を開き、教会内ばかりか、全人類社会に対して、現代についての予見と思われる話をされたのでした。その話は今もなお、わたしの記憶に残っています。それは公会議の進むべき道を示し、途上に横たわるあらゆる疑いや倦怠から、わたしたちの魂を解放するだけの力をもっています。大切な尊敬すべきヨハネ教皇。あなたに感謝をささげます。あなたに賛美をささげます。あなたは神の御計らいによる霊感を受けて、この公会議を招集し、教会に新しい道を開くと同時に、神のキリストの恩恵から、これまで隠されていた新たな水の流れを、この地上に導き入れようとなさいました。あなたは、何か地上的なことがらに駆り立てられたり、何かやむをえない個別の事情に迫られたからではなく、天にある神意の計らいを予見し、この時代の隠れていた厄介な諸課題を見抜き、第一バチカン公会議の矮小化《わいしょうか》された筋道を修復しようと望まれたのです。それとともにあなたは、一部の人たちが第一バチカン公会議に対して不当に抱いていた不信を、おのずと解消してくださいました。すなわち彼らは、教会を治めるために、イエス・キリストからローマ教皇に与えられ、第一バチカン公会議によって認められた最高の権力が、公会議の助けがなくても十分であるかのように受け止めてしまっていたのです。

そのほかあなたは、いったん中断された研究を再開し、検討が中止された法律を再び討議するために、使徒の後継者である兄弟たちを招集されただけでなく、彼らが教皇と一体であると感じ、「キリストの教えの聖なる遺産がいっそう効果的なしかたで守られ、提示される」(AAS 54 [1962], p. 790) ために、教皇から力と導きを受けるよう招集されたのでした。しかし、この公会議のよく知られた目的に、次のこともお加えになりました。それは、今やますます急を要し、以前にも増して実り豊かなものと思われる司牧上のことがらです。あなたは、次のような警告をお与えになりました。「わたしたちの仕事は、その第一の目的として、教会の教えのいくつかの主要な点について議論すること」を目指しているわけではなく、むしろ、「この教えが、現代が要求するしかたで探求され説明される」(AAS 54 [1962], pp. 791-792) のだと。それからまたあなたは、教会の教導職にある人々に向かって、キリストの教えは、単に信仰の光に照らされた理性によって研究されるべき真理であるばかりでなく、生活と行動をもたらすことばでもあること、また教会の権威は、それを脅かす誤りを断罪するだけでなく、実りをもたらす生きた正しい教えを告げ知らせなければならないことを確認してくださいました。したがって教会の教導職の任務は、単に理論だけのもの、否定的なものだけであってはならず、この公会議において、キリストの教えの力と勢いをますます証明しなければなりません。実際キリストは、「わたしがあなたがたに話したことばは霊であり、いのちである」（ヨハネ6・63）といわれました。

したがって、この会議の最初の教父であるあなたが、きわめて賢明な助言によって与えてくださった基準を、わたしは決して忘れません。この基準をここで思い起こすことは有益です。すなわち、「……この価値ある宝庫――すなわちカトリックの教え――を、唯一の古典を研究するかのように守ることだけが、わたしたちの仕事ではありません。教会が約二千年の間築き上げてきた道をたどり続けながら、はつらつと、おそれることなく、現代が要求する課題を今や追求すべきなのです」。それゆえ、「……とりわけ司牧的な性格をもつ教導権に、いっそう適した表現のしかたが用いられなければならないでしょう」（AAS 54 [1962], pp. 791-792）。

キリストを信じるすべての人の一致に関する重大問題を、わたしは無視することができません。彼らは、すべての人のために開かれた父の家とあなたが名づけた教会に属したいと望んでいます。こうして、あなたが招集し、お始めになったこの公会議の第二会期が、あなたの開かれた道を歩み続け、あなたのお望みになった目標に、神の助けによって達することになるでしょう。

公会議の基本原則、道、目的

ですから、尊敬する兄弟の皆さん、受け継いだこの歩みを続けましょう。この明確な意図は、さらに別のことを考えるようわたしを突き動かします。それは非常に重要で卓越したことで、たとえこの集まり全体がすでにそれを知らされ、その光にあふれているかのようであったとしても、皆さんにそれを伝えないわけにはいきません。

尊敬する兄弟の皆さん、いったいわたしたちの歩みは、どこから始まっているのでしょうか。また、今説明されている諸理念よりも、むしろ本来従うべき神の法に注意を向けるべきであるとすれば、いったいどんな道をたどるべきなのでしょうか。さらに、わたしたちの歩みが向かっている目的は、いったいどこなのでしょうか。その目的は、この地上で暮らしているかぎり、この死すべき生の時間とその特徴に適合しなければならないとはいえ、それでもやはり、いつも人間の究極目的を目指していなければなりません。この究極目的は、この地上の旅路の後に到達すべきものです。

この三つの、分かりきってはいますが、非常に大切な問いに対しては、一つの答えしかありません。その一つの答えを、わたしはこの荘厳な時、この集まりの際に指摘し、全世界に告げ知らせなければならないと考えています。その答えとは、キリストです。キリストは、わたしたちの出発点です。キリストは、わたしたちを導くかたであり、道です。キリストは、わたしたちの希望であり目標です。

この公会議によって、わたしたちとキリストとを結ぶあのきずなを、はっきりと見抜くことができますように。このきずなは、一つのものでありながら多様であり、安定していながらも動かすものであり、秘められていながら明らかであり、緊密でありながらもきわめて心地よいものです。このきずなによって、この生きた聖なる教会、すなわちキリストとわたしたちはつながります。わたしたちは、このキリストに由来し、キリストによって生き、キリストに向かっています。今ここにあるわたしたちの一致を照らす光は、世の光であるキリストに他なりません。わたしたちの魂が求める真実は、わたしたちの唯一の教師である主のことばに他なりません。わたしたちが熱心になるのは、主のおきてに忠実に従うこと以外にはありません。わたしたちを支えるのは、主のことばによりすがるとき、わたしたちの嘆かわしい弱さを強めてくれる信頼に他なりません。「わたしは世の終わりまで、いつもあなたがたとともにいる」（マタイ28・20）。

この大事な時にあたり、わたしたちの主イエス・キリストに向かって、ふさわしい声をささげることができますように。ここで、聖なる典礼のことばを用いましょう。「キリストよ、わたしたちはあなたのことしか知りません。純粋素朴な気持ちで、涙しながら、歌いながら、あなたを求めます。わたしたちの思いを顧みてください」（時課の典礼、第一週水曜日「朝の祈り」の賛歌）。このようなことばを口にしながら、感嘆に震えるわたしたちの目の前に、イエスご自身が現れているように思われます。もちろんその姿は、尊敬する東方教会の兄弟の皆さん、あなたがたの大聖堂の中にあり、また西方教会の大聖堂の中にもある、全能者《パントクラトール》が帯びているような輝かしい威厳をもっています。城壁外の聖パウロ大聖堂の後陣にすばらしいモザイクで表現されている、キリストに向かって祈るわたしの先任者ホノリオ三世の役を、わたしたちはある意味で演じているように思われます。この教皇は、小さくなって身体を謙虚に地面に投げ出し、キリストの足に接吻《せっぷん》しています。キリストは、比べようもないほどの大きさで前に立ち、威厳を備えた、王のような指導者の姿で、大聖堂に集まった群衆、すなわち教会を見守りながら祈っています。この場面が、今ここに再現しているようです。もちろん、線と色彩をもって壁に描かれた絵としてではなく、わたしたちの集まりという現実そのものとしてです。わたしたちのこの集まりは知っています、キリストは人類のあがないのわざと教会が生じてくる起源であり泉であることを、また同様に、教会は同じキリストの地上部分であり、神秘的な息の通り道であり、キリストの継続であることを。確かに、使徒ヨハネが次のように描写している黙示録のイメージによって、わたしたちの精神の目は圧倒されます。「天使はまた、神と小羊の玉座から流れ出て、水晶《すいしょう》のように輝くいのちの水の川をわたしに見せた」（黙示録22・1）。

この公会議が、このようなイメージから、というよりもむしろ、この神秘的な祭儀（信仰宣言）から出発していることは、まったく適切なことであると思われます。実際、この祭儀はこう宣言しています。わたしたちの主イエス・キリストは、人となったことば、神の子であり人の子、世のあがない主、すなわち、人類の希望であり唯一最高の教師、牧者、いのちの糧、わたしたちの祭司でありわたしたちのいけにえ、神と人との唯一の仲介者、地上の救い主、永遠の世界を治める来るべき王だと。また次に、同じ祭儀はこう宣言しています。わたしたちはキリストから神秘的なしかたで呼ばれた者、キリストの弟子、使徒、証人、奉仕者、使節、また同様に、他のすべての信徒とともに一つの生きたキリストの肢体であると。この肢体は、あのはかりしれない唯一の神秘体の中で、ともに成長します。神秘体自体は、信仰と秘跡によって人類の継続的な歴史の中で自らを形成します。わたしたちがキリストの教会と呼ぶものは、霊的であり、かつ目に見える社会、兄弟的であり位階的、今は一時的であっても、いつか永遠にとどまり続けるものです。

尊敬する兄弟の皆さん、大事な次の点を注意深く考えましょう。すなわち、キリストはわたしたちの創造者であり、わたしたちの頭《かしら》であること、目で識別されることではなくとも、真実そうであること、そして、わたしたちはキリストからすべてを受けており、キリストとともに「キリスト全体」となることです。また、「キリスト全体」ということについては、聖アウグスティヌスの著作の中で読むことができます。この「キリスト全体」から、教会の教え全体が出てきます。以上のことを熟慮するならば、疑いなくこの会議の主要な目的がいっそう明らかになります。その目的がどのようなものであるのか、それを簡潔明瞭に四点にまとめれば、教会の概念、もっと適切にいえば、教会の自覚、教会の刷新、すべてのキリスト者の間の一致の回復、そして、わたしたちの時代の人々と教会との対話です。

教会の概念がより適切に定義されるべきである

とりわけ教会が、自分自身に関する概念をより適切に与えることを、望んでいるばかりでなく、むしろ必然的な務めとして理解していることは疑いありません。わたしたちは皆、聖書が教会の本質を表現するために用いている、すばらしいイメージを知っています。聖書のいろいろな箇所で、教会はキリストの建物、神の家、神殿、神の住まい、神の民、神の群れ、ぶどう園、畑、都、キリストの花嫁、神秘体と呼ばれています。このすばらしいイメージの豊かさのおかげで、教会は、それらを熟慮することで、自分自身をこの世に建てられた目に見える社会でありながら、聖なる位階制をもち、また同時に秘められた力によって内側から生かされたものとして理解してきました。わたしの先任者ピオ十二世の有名な回勅『ミスティチ・コルポリス』によって、自分自身に関する十全な教えを伝えるという教会の願いが満たされる一方で、固有で十分な定義を自らに与えることへと強く駆り立てられました。すでに第一バチカン公会議は、自らのためにさまざまな論題を提示し、それらを取り扱うよう、カトリック教会内外の学者たちが多くの外的要因によって動かされていました。その論題とは、次のようなものでした。現代の市民文化に特徴的な社会生活の増大、人々の間の交易の発達、キリスト者のさまざまな信仰告白を神の啓示に含まれている真の不変の概念に従って判断する必要性、その他の同様なものです。

キリストの祭儀が創設されてから約二千年が過ぎ去り、その後、至るところにカトリック教会およびキリストの名を冠して教会と呼ばれる他の教団が広がってはいるものの、キリストが創設し、使徒たちがその建設を始めた教会の、真実で、最高かつ十分な概念が、より的確な命題によって説明されることを依然として必要としていても不思議ではありません。なぜなら、教会は神秘だからです。すなわち教会は、神の現存に奥深くから浸されている秘められた現実であり、そのため、つねにより深い新たな自己探求を許容するという本性をもっています。

人間の精神は、思考し発見することによって、本来成長してゆくものです。すなわち、経験によって受け取った真理から、より明らかで高い認識へと、理性と推論によって上昇してゆきます。ある真理から、別の真理を論理的に導き出します。洞察することで、ある複雑な物事が第一の確実性を備えながら、それぞれ別の外観を呈していることが分かります。こうして、熱心な探求によって、人類の歴史が何について語っているのかが説明されます。

キリストの教会に関して、真理がよりいっそう探求され、整理され、表現されなければならないときが、今や到来しているように思われます。しかしそれはおそらく、教義的な定義と呼ばれているあの荘厳な諸命題によってではなく、むしろ教会が自分自身についてどう理解しているのかを、より明白でより重みのある教導権に基づいて表現する宣言によってです。

教会の自覚が明らかになるのは、キリストのことばと思いに固く従うとき、聖なる伝承の尊敬すべき記憶によって優れたおきてをつかむとき、聖霊の内的光に応じるときです。聖霊は、今や教会に次のことを尋ねているように思われます。すなわち、全力で努力しているのかどうか、自分がどのようなものであるのか、人々にはっきりと知られているかどうかと。

まず、真理の霊がこの公会議において、教える教会の聖なる職にある者たちにひときわ輝く光を送り、同じ教会の本性に関する、より明白な教えを提示してくださることでしょう。それと同じく、キリストの花嫁は、キリスト自身の内にそのイメージを探求し、キリスト自身の内にあって燃え上がる愛に動かされ、自らの姿、すなわちキリストが自らの教会に光り輝くことを望んでいる美しさを実現しようと努めることでしょう。

こうした理由から、公会議の第二会期に提示される主要な議題は、教会それ自体を対象とすることになります。そのため、教会の最奥の本性が内側から探求され、人間の言語能力に応じてその定義が示されます。それは、教会の真実で第一の規定がより深く学ばれ、救いをもたらすその多様な命令をいっそう明らかにするからです。

したがって、このような神学的な解明によって、明らかに価値のあるすばらしい説明を受け取ることができ、それは、分かれている兄弟たちからも慎重に検討されて評価されます。その説明は、わたしたちが熱烈な願いをもって望んでいるように、見解の一致の成就への道を彼らに容易に示すものなのです。

会議で取り扱われる予定のさまざまな問題の中で第一のものは、神の教会の司教である皆さんに関することです。わたしは、大きな希望と心からの信頼をもってこの討論を待ち望んでいると、疑うことなく断言できます。実際、ローマ教皇に関する第一バチカン公会議の正しい教義宣言よりも深く、司教職について、その任務について、そのペトロとの関係についての教えが検討されなければならないでしょう。次いで、教えと生活実践に関して、わたしが使徒的任務を果たすうえで役に立つ概念が引き出されてくることでしょう。この普遍的な任務は、あなたがたも知っている権能の充実とその正しい力をキリストから与えられるとはいえ、司教職にある敬愛し尊敬する兄弟の皆さんが、適切に定められた形式と概念によって、担った重荷をいっそう自覚して、わたしよりも力ある協力的な働きをなしてくださるならば、助けと保護となる、より大きな力を帯びるでしょう。

こうした司教に関する教えが明らかにされた後、目に見えるキリストの神秘体の構成に関する問題が解明されることになります。すなわち、この地上で戦い、旅を続ける教会は、司祭、修道者、信徒、さらには、わたしたちから分かれた兄弟たちによって構成されています。この兄弟たち自身も、キリストに完全につながるよう招かれています。

公会議のこの神学的任務がもつ甚大な影響力と重要性に気づかずにいる人は、だれもいません。この神学的任務から、教会は自らについての理解、つまり、光と喜びと神聖さとを生み出す教会の力の理解をくみ取ることができます。このわたしの希望を、神がかなえてくださいますように。

カトリック教会の刷新

こうした希望は、公会議のまた別の重要な問題、すなわち、教会の刷新と関係しています。

わたしの考えでは、この刷新は、教会とキリストとが結びついている、きずなの自覚から出発しなければなりません。すでに述べましたように、教会はキリストの内に自らの像を探し求めようとします。もし教会が、こうした自己反省の後に自分の容貌や婚姻の衣装に何か影や欠点を見つけるならば、何を自発的かつ熱心にすべきでしょうか。明らかに必要なのは、自らを刷新すること、自らを矯正することであり、自らを神によって定められた自分の原型と合致させることに他なりません。この合致は、自分固有の職務によって追い続けるものです。

ここでわたしは、十字架上の死が迫ったときの、大祭司イエス・キリストの祈りのことばを思い起こします。「彼らのために、わたしは自分自身をささげます。彼らも、真理によってささげられた者となるためです」(ヨハネ17・19)。

第二バチカン公会議は、わたしの見解を申し上げるならば、キリストが望まれたこの確実な生きるための教えを認め、受け入れなければなりません。内なる聖性のこれほどすばらしい働きが完成されるときにこそ初めて、教会は自らの容貌を全世界に示すことができ、「わたしを見た者は、父を見たのだ」（ヨハネ14・9）ということばを述べることができるのです。

こういう理由のために、公会議は新しい春のような時でなければなりません。すなわち、教会の内奥に隠されている偉大な精神的な力、つまり諸徳が芽生える時でなければなりません。実際、明らかにされているとおり、公会議が直面している課題は、教会の内的な力や、教会法上の制度と典礼様式を秩序づける諸規定を、初めの活力へと戻すことです。すなわち、この世界的な教会会議は、教会の魅力ある完成と聖性を増大させることを目指しています。教会の完成と聖性は、イエス・キリストを模倣し、聖霊によってキリストと神秘的に結合することによってしかなし遂げられません。

確かに公会議は、教会のいっそう華やいだ刷新を目指しています。しかし、注意しなければなりません。わたしがこれらのことを支持し希望するからといって、カトリック教会がこの現代にあって、自らの創設者の思いに、重要な点において背いていると非難されるであろうとは考えないようにしなければなりません。いやそれどころか、大事な点に関するかぎり、キリストに対して明らかに確実な信頼を寄せていることから、魅力的で慎み深い同じ喜びがもたらされ、人間の弱さによる堕落を改める活発さと熱心さを受け取るのです。したがって、公会議が目指す刷新は、きわめて優れた尊敬すべきことがらにおいて、教会の現在の生活を覆したり、その伝統をばらばらに切り離したりすることではなく、むしろ、廃《すた》れたり誤ったりしている形式を脱ぎ捨てることで、この諸伝承自体に敬意を表し、同じ諸伝承を純粋で実り豊かなものにすることです。

イエス自身、弟子たちにこう語られたではありませんか。「わたしはまことのぶどうの木、わたしの父は農夫である。わたしにつながっていながら、実を結ばない枝はみな、父が取り除かれる。しかし、実を結ぶものはみな、いよいよ豊かに実を結ぶように手入れをなさる」（ヨハネ15・1―2）。このことばは、教会が現在なし遂げようと努めていることの要点を示すのに十分です。これをなし遂げる「頭《かしら》」は、同じかたの内的および外的生命力とかかわっています。実際、生きたキリストには、生きた教会がこたえなければなりません。信仰と愛がその生の原理であるとすれば、信仰に好ましい堅固さと新しい栄養をもたらすもの、そしてそれを達成するために、キリスト教的洗練と教育を効果的にするものを何も省いてはなりません。省いてはならないとわたしがいっているのは、いっそう熱心な研究であり、神の真実をささげる、いっそう献身的な祭儀のことです。それらが確かに、この刷新の基礎になければなりません。次いで、愛の教えが大事な場所を占めることでしょう。「愛の教会」を、もちろん求めなければなりません。それは、教会自身を内から刷新し、全世界を回復させる――きわめて険しく困難なことですが――権能をもつためです。さらに愛は、ご承知のとおり、他のすべてのキリスト教的徳の女王であり、いわば根源です。すなわち、謙虚、清貧、自己犠牲の心、真実を打ち明ける強さ、正義を求める愛、そのほか新しい人が実践するさまざまな力の根源です。

こうしたことがらに関して公会議の務めは、きわめて広い分野にわたっています。その中の一つで、きわめて卓越した位置を占め、愛によって花咲くものが、聖なる典礼です。典礼については、第一会期の中で長く広範に討議されましたので、今会期には結論が出ると思います。また他の分野についても、教父たちが同じ熱意、同じ勤勉さで精魂を傾けていてくださいます。ただ、時間不足のため、すべての問題をことがらに応じて検討できないのではないかと心配しています。そのため、いくつかの問題の探求は、将来の別の会期に持ち越されることになるでしょう。

すべてのキリスト者の一致の回復

わたしの前任者ヨハネ二十三世が前もって定めた、公会議の第三の目標があります。これは、霊的ことがらの次元において、きわめて重要なこととして受け止められるべきです。それは「他のキリスト者たち」、すなわち、キリストを信じてはいても、キリストにおける完全な唯一性のきずなによってわたしたちと結ばれている人々の中に数えることができない――それはわたしから喜びを奪います――人たちに関することです。この唯一性は、それ自体、洗礼の力によって彼らが参与しなければならないものですが、唯一のカトリック教会によって彼らに与えられるものであり、またその力と本性に基づいて、彼らから求められてもいます。

最近、わたしたちから離れているキリスト者の諸共同体の内部に起こりつつあり、また日々ますます顕著になっていることは、二つの事実を証明しています。すなわち、キリストの教会は一つであり、また一つでなければならないということ、そして、この神秘的であると同時に目に見える唯一性は、一つの信仰、同じ秘跡への参与、唯一の教会統治との適切な結合によってのみ実現されるということです。とはいえ、別々の場所に別々の言語の説教、聖なる儀式、偉大な先人たちから受け継いだ習慣、地域的な特権、霊的なことがらに関するさまざまな探求、合法的な制度、活動生活の規範は認められうるものです。

公会議は、わたしたちから分かれている兄弟たちのこの巨大な群れとの一致のためのさまざまな可能性について、どう受け止め、何をなすべきでしょうか。これはまったく明らかです。この理由からも、この公会議は特別に招集されているのです。この公会議は、申し上げているとおり、全世界的、すなわち十分に普遍的なものとなるよう奮闘しています。少なくとも準備段階では、願いにおいて、神にささげる祈りにおいてそうなのです。今日輝いている希望は、明日おそらく実現するでしょう。実際公会議は、正当な権利で自らを構成する羊たちに呼びかけ、数え上げ、キリストの羊小屋に囲い込む一方で、他方、門を開き、声を上げ、まだ唯一の羊小屋の囲いの中に入っていない、すべてのキリスト者を震えながら待っています。したがって、この会議の独自性は、将来、多くの人が兄弟的な心をもって真の全世界性に参与するよう、呼びかけ、期待し、そうあると信じることです。

大いなる敬意をもって、今わたしは、カトリック教会から分かれているキリスト者の諸共同体の使節に話しかけます。皆さんは、もはやこの荘厳な会議に、オブザーバーの立場で参加するよう派遣されているのではありません。

皆さんとあいさつを心から交わし合うことは、わたしにとって心地よいことです。

ここに来てくださったことを、わたしは皆さんに感謝いたします。

皆さんを通じて、わたしの父としての愛、兄弟としての愛を仲介するメッセージを、皆さんが代表しておられる尊敬すべきキリスト者共同体に送ります。

わたしの声は震え、わたしの心は高鳴っています。というのも、ここにおられる諸共同体の近さが、ことばにできないほどの慰めと、きわめて心地よい希望をわたしにもたらすのと同様に、諸共同体の長い間の分裂が、わたしの心を痛めているからです。

この分裂に関する何らかの責任が、わたしたちのうちに認められるべきならば、わたしたちは謙虚に神のゆるしを請い、また兄弟たちがわたしたちから不正を受けたと思われるなら、兄弟たちにもゆるしを請います。わたしたちに関していえば、カトリック教会に加えられた不正をゆるし、また長い間の不和と分裂による大きな苦しみを忘れる心構えでいます。

天の父が、このわたしの願いを快く受け入れ、わたしたちすべての間に、真に兄弟的な平和を回復してくださいますように。

ことがらの本性上、重大で複雑な問題がまだ残っており、それらが研究され、考察され、解決されなければならないことは承知しています。もちろん、わたしたちに迫るキリストの愛のゆえに、このことが直ちに実現するよう望みますが、とはいえ、こうした問題の原因が解決されるには、多くの条件が必要なことも分かっています。そして、これらの条件が満たされるには至っておりません。しかしながら、わたしは倦《う》むことなく、完全な和解がついに実現する幸いな時を待ち望んでいます。

そこでわたしは、ここに出席しておられるオブザーバーの皆さんに、いくつかの主要な原則を確認していただきたいと望みます。この点に依拠することによって、分かれている兄弟たちとの教会的な一致を確立すべきだと考えています。またそれを、それぞれのキリスト者共同体に適用していただきたいと思っています。同様に、わたしの声が、尊敬すべきさらに別のキリスト者共同体にも届くことを願っています。それは、わたしたちから離れており、公会議に招待しましたが、職務上互いに困難ではないにもかかわらず、この会議への参加を拒否した共同体のことです。しかしながら、彼らにとってすでに確かめられたものであろうこうした原則を、ここでわたしが正しく宣言できると思っています。

わたしが皆さんに向かって語りかけたことばは、平和的なものであり、まったく真剣なものです。そこにはどんな計略も、隠された現世的な関心もありません。わたしは、もちろんこれは必要なことですが、神に由来すると明らかに信じている信仰に、明白かつ堅固に寄りすがっています。しかし、この信仰は、わたしたちから分かれている兄弟たちとの間に望まれている合意を妨げるものではないと確信しています。信仰が働くのは神の真理によるのですが、その真理は一致の原理であって、不和と分裂の原理ではありません。わたしは、わたしたちの信仰が、彼らとの論争の種になることは望んでいません。

次いで、わたしたちはふさわしい敬意をもって、古代から受け継がれ、すべての人に共通の宗教的遺産をたたえます。それを、分かれた兄弟たちは保存し、部分的にはさらに鍛えてくださいました。分かれている兄弟たちがもっている真理と霊的生活の真の宝を明らかにし、称賛し、わたしたちと彼らとの関係をよりよいものにするために行われている努力を、わたしは喜んで認めます。彼らもまた、同様の意志に動かされ、わたしたちの教えをより深く知り、どれほど理にかなって神の啓示の委託物からその教えが生じているかを見通し、さらにわたしたちの歴史と宗教生活のいっそう豊富な知識を、自分たちに等しいものとみなすよう努めてくださると確信しています。

加えて、問題となっていることに関して言及しておきます。わたしは、このうえなく望まれている一致を今もなお妨げている、数々の大きな困難を知っています。そこでわたしは、ひざまずいて神への信頼を示します。ですから、神に祈りをささげ続け、真のキリスト教的生活と兄弟愛のあかしを立派に立てられるよう尽力し続けましょう。わたしの希望と期待が実現しないときには、キリストの慰めに満ちた次のことばを思い出しましょう。「人間にはできないことも、神にはできる」（ルカ18・27）。

教会と現代人との対話

最後に、公会議は現代の人間社会との間に、ある種の橋を架けることを課題としています。実にすばらしいことです。実際、教会は、その内部の活力を聖霊の力で活性化させることによって、周囲の世俗社会から区別され離れながら、他方、同じ人間社会を生かす酵母、その救いの道具として現れます。さらに教会は、自分に与えられた宣教の任務を露わにし、それが最高の職務であることを確かめます。教会は、人類の状態がどんなものであっても、その人類に福音を、受け入れた命令に従って、生き生きと熱心に告げます。

尊敬する兄弟の皆さん、そのうえあなたがた自身、この不思議な出来事を経験し、知っておられます。というのも、第一会期を開始させ、ヨハネ二十三世の開会のことばによって燃え上がった皆さんは、この集会の扉を、いってみれば開け放ち、そこからすべての人に向けて、救いと兄弟愛と希望の使信をその開かれた扉から大きな声で送ることを、自分たちの役目と考えたからです。これは実に特別な、すばらしいことです。いってみれば、教会に与えられた預言のたまものが、そのとき突然、働き出したと思われます。そして、聖ペトロが聖霊降臨の日に直ちにことばを発し、人々に説教するよう促されたように、あなたがたも速やかに、自分に関することがらではなく、人類家族に関することがらに従事しようと望み、あなたがたどうしで語るのではなく、人類に話しかけようと望まれました。

尊敬する兄弟の皆さん、このことから得られるのは、この会議の特徴が愛であることです。その愛は、きわめて広く、きわめて強力なものです。それは、自分自身の利益についてではなく、むしろ他人の役に立つことを考えます。この愛を、わたしたちはキリストの普遍的な愛といっているのです。

実際この愛が、わたしたちの魂を高めてくれます。そうでなければ、人々の生活をそのままに見れば、おのずと、慰めよりも怖れを、喜びよりも痛みを感じ、信頼と友情へと動かされるよりも、危険を遠ざけ、過ちを断罪することへと傾いてしまうからです。

人は、事実そのものを見る必要があります。ですから、多くの理由によってこの公会議に加えられている傷を、決して隠すわけにはまいりません。実際わたしたちは、この会場に多くの空席があることが見えないほどに盲目なのでしょうか。教会に戦いを挑みかけてくる国々から来ているわたしたちの兄弟は、いったいどこにいるのでしょうか。またそうした国々では、どんな条件で宗教は保たれているのでしょうか。

これらのことを考え、聖なる位階制について、修道者や修道女について、またキリストと教会に対する不屈の誠実さのために、恐れや苦しみ、苦難や圧迫にさらされている大勢の子らについて、知っていることばかりでなく、さらに知ることが許されていないことにまで思いをいたすならば、同じことがより深刻に思われてきます。こうした痛みのために、わたしは大きな悲しみを抱いています。いくつかの地域で信教の自由が、他の基本的人権と同様、政治的、人種的、宗教的に、さまざまな見解から許容できないと考える人々によって抑圧されていることを知って、わたしはひどく心を痛めています。またあるところでは、依然として多くの不正が、自分の宗教を正直に自由に表明しようとする人に加えられていることに心を痛めています。しかしながら、こうした悲惨な状況の中で、辛辣《しんらつ》なことばよりも、むしろ真摯で人間的な勧告を、この悲しむべき状況の責任を引き受ける人々に述べたいと思っています。それは結局のところ、彼らがカトリック信仰のために、理由なく魂を攻撃するのをやめるためです。実際カトリック信者は、所属する国家の敵でもなければ不誠実な輩《やから》でもなく、むしろその国における正直で勤勉な市民であるはずです。しかし、自らの誠実さゆえに苦悩に圧迫されているカトリック信者に対しては、この機会に、わたしの愛に満ちたあいさつを送ります。わたしは彼らのために、神からの特別な慰めを請い願います。

わたしの悲しみは、これだけではありません。人類家族を眺めると、他の多くの不幸に直面して、わたしの心は大きな苦悩に締めつけられます。その中で、もっとも強力なのが無神論です。無神論は人間社会の一部分に広がり、精神文化、道徳、社会生活に関する物事の秩序を混乱させ、その結果、この秩序の真正な知識が次第に失われてしまいます。実際、自然科学の知識によって輝く光がいっそう明るくなる一方で、痛ましいことですが、至るところで神についての知識とそれに基づく人間についての真実の知識が、ますます暗く消え失せようとしています。進歩した技術が驚くべき方法で、人間の使用するあらゆる種類の道具を完成させますが、その一方で魂は、むしろ孤独と悲しみ、絶望に襲われます。

現代人の複雑な、また多くの理由による悲しむべき状況について、わたしのほうから述べるべきことは多いのですが、今日はそのための時間がありません。先ほど申し上げましたように、公会議に集った教会が愛に満たされているように、今わたしの心も愛に満たされています。わたしたちのこの世代とそのさまざまな奮闘の意味を最大の善意をもって探求し、また、キリストがこの世にもたらした愛と救いと希望のメッセージを、わたしたちの時代の人々に伝えたいとせつに願っています。「神が御子を世に遣わされたのは、世を裁くためではなく、御子によって世が救われるためである」（ヨハネ3・17）。

世界は、教会が愛情深く見守っていることを、きちんと知ることになるでしょう。教会は、世界のうちに健全な驚きをもって示され、健全な目的、すなわち、支配するのではなく仕えるため、世界を見下すのではなく世界の尊厳を高めるため、非難するのではなく慰めと救いをもたらすために動かされます。

全世界への視界が開けているこの公会議で、教会は魂への特別の配慮から、ある人々の集団に心の目を向けています。すなわち、貧しい人々、困窮した人々、嘆く人々、飢えや痛みに苦しめられている人々、鎖につながれている人々を見つめています。つまり、人類の中でも、痛み嘆いている部分にとくに目を向けています。教会はこの人たちが、福音の与える権利に従って教会に属していることを知っているからです。ですから教会は、喜んで彼らに「だれでもわたしのもとに来なさい」（マタイ11・28）という主のことばを示します。

さらに教会は、学問によって鍛えられた人々にも目を向けます。彼らは、文学研究、自然の探求、最高の技術に身をささげています。これらの人々にも、教会は最大の敬意を抱いています。そして、彼らの経験を受け止め、知力を傾けて認可し、自由を守り、動揺している彼らの魂に、神のことばと神の恩恵の領域へと導く入り口を開こうと熱心に努めています。

教会は、工場労働者に配慮します。彼らの立場と労働の尊厳、彼らの正当な願望、彼らの社会的状況が改善され、霊的生活が向上するために必要なものに配慮します。さらに彼らにゆだねられ、キリスト教的かつ正しい精神によってなし遂げられる務めに配慮します。わたしがいっている務めとは、造り出されるべき新しい秩序のことであり、その秩序において人は自由であり、互いを兄弟として認め合うことができます。教会は「母であり教師」として、彼らのそばに現存します。

教会は、諸国の政治家に配慮します。教会が政治家にしばしば発しなければならなかった厳しい忠告の代わりに、今日は励ましと信頼に満ちたことばを彼らに述べます。諸国の指導者よ、健全な精神でいてください。あなたがたは、人間生活に必要な、多くのよいものを国民に与えることができます。すなわち、食料、教育、秩序を与えることができ、自由と和合一致を大切にする市民にふさわしい尊厳を与えることができるのです。しかしそれは、人間とは何かということをあなたがたが認識されるときに可能なことです。しかもこうしたことがらは、キリスト教の知恵に基づいてこそ十分に教えることができます。議会と連携し、正義と愛の基準に従って振る舞うならば、あなたがたは平和を与えることができます。平和は、すべてのものの中でもっとも卓越した善であり、万人がせつに渇望しているもの、教会が熱心に守り、促進しているものです。そのうえあなたがたは、人類家族全体から一つの国を造り出すこともできます。神があなたがたとともにおられますように。

カトリック教会は、さらに広く、キリスト教という家族の限界を越えたところを見ています。教会は、自らの愛をどのようなことばで表現したらよいのでしょうか。というのも教会は、父なる神に倣うべきだからです。父なる神は、すべての人によいものを気前よく与えてくださいます（マタイ5・45参照）。そして、世の救いのためにその独り子をお与えになったほどに、世を愛されました（ヨハネ3・16参照）。したがって教会は、キリスト教陣営の向こうに目をやり、唯一の神、すなわち、自然を超越し、万物の摂理をつかさどる、創造主である神の感覚と概念を保持している、他の宗教に配慮します。そうした宗教は、真に敬虔な行為によって神への祭儀を実践しています。またそうした宗教は、その習慣と信念から、道徳規範や社会生活の規範を引き出しています。

確かに、こうした宗教の中にカトリック教会は、申し上げにくいことですが、不足や欠点、誤りを認めていることも事実です。とはいえ、そうした宗教に、やはり心を向けざるをえません。それは、こうした諸宗教のかたがたに、カトリック教会が諸宗教の中に見いだす、あらゆる真実なもの、よいもの、人間的なものを、正当な評価によって識別することを知らせるためです。また、今日の人々の中で、宗教の意味や神への礼拝を保護するべく――それは市民生活の必要と義務とが要求することです――、責任を果たすよう忠告するためでもあります。というのも、カトリック教会は、神の法を人々の中で力強く弁護するからです。

最後に教会は、勤勉な人々が活動している無数の場に配慮します。すなわち、若者たちの新しい世代が成長する場に配慮します。彼らは、生きることと向上することへの情熱によって燃え上がっています。また、新興国が自分たちの権利、自由、制度を、自ら主張する場に配慮します。さらに、数えきれない人が孤独のうちに労働している場に配慮します。彼らは、人間社会の騒擾《そうじょう》の中で生きています。その社会は、彼らの魂に元気を与えることばを投げかけることができません。こうしたあらゆる個々の場に、教会は自らの希望に満ちたことばを届け、真理と生と救いの光をすべての人のために望み、示します。なぜなら、神は「すべての人々が救われて真理を知るようになることを望んでおられ」（一テモテ2・4）るからです。

尊敬する兄弟の皆さん。

救いに奉仕するという、わたしたちにゆだねられた務めは重大です。この務めをより適切に担えるように、わたしたちは今この厳粛な会議に、一つになって集まっています。わたしたちの魂の一致は、堅く兄弟的なものです。この一致が、わたしたちを導き強めてくださいますように。天上の教会との交わりが、わたしたちの慰めとなりますように。それぞれの教区や修道会で特別な敬意をもって崇敬されている天上の聖人たちが、わたしたちのそばにいてくださいますように。すべての聖なる天使たち、とりわけ聖ペトロと聖パウロ、洗礼者聖ヨハネが、わたしたちのそばにいてくださいますように。またさらに、この公会議の保護者と定められた聖ヨセフが、わたしたちのそばにいてくださいますように。聖なるおとめマリアが、わたしたちのそばに座り、母として力強く守ってくださいますように。わたしたちはマリアに、燃え上がるような祈りで請い願います。キリストが主宰してくださいますように。そして、すべてが神の栄光と至聖なる三位一体の名誉とに帰しますように。聖なる三位一体の祝福が、あなたがたすべてにありますように、父と子と聖霊のみ名によって。

（東欧圏の人々に対する、ギリシア語およびロシア語の短いあいさつがこれに続く）

第二会期閉会の演説

パウロ六世

一九六三年十二月四日

尊敬する兄弟の皆さん。

今や第二バチカン公会議第二会期終了の時がやってきました。

もう長い間、しっかりと目覚めた司牧者である皆さんは、ご自分の司教座から離れておられます。そこでは、聖務遂行のために、皆さんの存在、決断、熱意が要求されます。しかし、この公会議の期間中に、祭儀のため、研究のため、会合のために皆さんが引き受けてくださった作業は、すでに、重く、絶え間なく、長期にわたるものとなりました。わたしたちは、待降節の聖なる日々に入っています。この日々に、わたしたちの魂が準備してふさわしく祝う思い出は、年ごとにめぐってくる、いつも荘厳で、いつも感嘆に値し、いつもきわめて敬虔な思い出、すなわち、主イエス・キリストの降誕です。わたしたちのだれ一人として、一年のこの期間中、神のことばが肉となったという、あの言い表しがたい神秘を祝うこと以外には他のどのようなことも、たとえそれが、どれほど卓越し聖なるものであろうとも、優先して考えることができません。また、わたしたちのだれ一人として、別の司教座で、たとえそれが、どれほど高貴で、どれほど敬愛すべき司教座であっても、この聖なる儀式を行うことはできません。すべてを見通しておられる神がわたしたち一人ひとりにゆだねてくださった、特定の教会、特定の共同体、特定の任務——祭司的なものであれ司牧的なものであれ——以外の場で、この聖なる儀式を行うことはできません。

したがってわたしたちは、この重要な教会会議の進行を再び中断しなければなりません。互いに兄弟のあいさつ、平和のあいさつを交わし合わなければなりません。時の経過に伴う物事の推移を経験しなければなりません。わたしたちは、きわめて崇高なことがらについて兄弟のように話し合い、喜ばしい日々の出来事を享受した後ですが、互いに離れなければなりません。

しかし、わたしはまず何よりも、神がこの期間中、このような機会を通じてわたしたちに授けてくださった、さまざまなご厚意に感謝したいと思います。また、バチカン公会議のこの会期に参加して、何らかのかたちでその進行に寄与してくださった人々に、感謝の気持ちを表さずに済ますことはできません。そして、とくに感謝の念を示したいのは、公会議教父のかたがた、議長団、公会議調整委員会、司会者、とりわけ事務総局と呼ばれている部署、列挙されているとおりのさまざまな委員会、顧問、このわたしたちの仕事を支えるために、報道関係者やテレビ関係者に連絡してくださったかたがた、公会議の必要に合わせてバチカン大聖堂を準備し飾りつけてくださったかたがた、また公会議の教父たちに宿舎を提供して援助してくださったかたがたです。さらに、この会議のために、費用を分担してくださったり、司教職にある困窮した兄弟たちを助けたり、教会の莫大な必要に応じてくださったり、最近災害に見舞われた人々を助けてくださったりした教父のかたがたに、とくに感謝のことばを申し上げたいと思います。

わたしたちのこの作業を終わらせる前に、簡単にそれに触れ、その経過と成果について振り返ることは無意味ではないでしょう。しかし、それをするとあまりにも長くなりますし、すべてを完全に説明し尽くすことは不可能です。この会議の多くは恵みの領域、すなわち、いつでも容易に入り口が開かれるわけではない、魂の内的領域に属しているからです。加えて、作業の多くの実りが、いまだ熟するには至っていません。しかし、畑の畝《うね》に蒔《ま》かれた種のように、将来、神の助けによって、真に健全に開花するのを期待しています。

とはいえ、今回の出来事で与えられた神のご厚意を思い起こさずに、この聖なる公会議場を後にすることのないよう、公会議は想定した目的の一部を、幸いなことに、とにかく部分的には達成したと、はっきり断言したいと思います。すなわち教会は、自らのより十分な自覚と認識に達することを自らに課しました。そこで、今実際に、教会の司牧者と学者との間で、教会の起源と形態をもたらした神秘に関する、重要な研究が行われることとなりました。この研究は、もちろんまだ終了していませんが、研究を制約する困難自体が、この点に関する教理の深さと広さをすでに十分示しており、また同じ困難がわたしたちすべてに、その教えを理解し表現するための努力を結集するよう促します。確かにその努力は、わたしたちの精神ばかりでなく、関心を寄せてわたしたちのこの集まりにやってきているキリスト信者の精神をも、キリストへと必然的に向けるのに好都合です。このキリストから、すべてがわたしたちのところにやってきますし、このキリストへと、すべてが帰ってゆくことをわたしたちは望んでいます。あの聖パウロの、「万物をご自分と和解させられました」（コロサイ1・20）ということばにあるとおりです。また、この努力のおかげで、キリストの神秘体に参与しているわたしたちの喜びが増すばかりでなく、全教会の生を保ち、整える、わたしたち相互の愛がはぐくまれます。ですから、尊敬する兄弟の皆さん、喜びましょう。いったい教会が、今日ほど十分に自分自身を知り、熱心にキリストを愛し、喜び、一致し、熱意をもってキリストに倣い、動かされて、自分にゆだねられた務めを果たそうとしたことがあったでしょうか。尊敬する兄弟の皆さん、喜びましょう。わたしたち自身、互いに知り合い、わたしたちの間で話し合うことを学んだのですから。わたしたちは互いによそ者であったかのようでしたので、これまでこの場所に、このように集まったことはありませんでしたが、今は友情のきずなによって結ばれています。わたしたちは、教会自体について述べた聖パウロのあのことばがどれほど真実であるかを、体験によって分かったのではないでしょうか。「あなたがたはもはや、外国人でも寄留者でもなく、聖なる民に属する者、神の家族であり、使徒や預言者という土台の上に建てられています。そのかなめ石はキリスト・イエスご自身です」（エフェソ2・19—20）。今やすでに、教会を整える教会法の将来の改定を予見することが許されるのではないでしょうか。この改定が目指すところは、以下の方向に他ならないと思われます。すなわち、できるかぎり、教会の個々の構成員および個々の職務に、より大きな尊厳が認められ、より広い執行権限が割り当てられること、次いで、カトリック共同体の全組織を位階制のさまざまな段階によって固く成り立たせている聖なる権能がますます強められ、しかも内側にもっている力、つまり、一致し相互に配慮する愛が増すことによって強められることです。そのようにして、この公会議がまったく偉大な出来事として、神からご自身の教会に与えられた、もっとも卓越したたまものとして評価されるべきです。というのも、わたしたちの魂は、こうしたことを考え提案するよう、これほど強く燃え上がっているからです。

公会議の作業そのものにわたしの心を向けてみれば、そこに新しい喜びの源が示されています。なぜなら、なし遂げられた作業において、皆さんが頻繁に、つねに、生き生きと役割を果たしてくださったからです。また、このバチカン大聖堂が驚きの光景となりました。ここにわたしたち皆が集まり、尊敬に値する大人数となっているからです。この光景は、わたしの魂を内側から、感嘆と敬虔、天上からの喜びで満たしています。また、わたしの招待にこのように分別をもってこたえ、公会議の作業に立ち会ってくださった尊敬すべきオブザーバーの皆さんに、ここでお目にかかれますことをわたしは喜んでいます。さらに、静かに敬意を払って皆さんの会議に同行してきた傍聴者のかたがたも、わたしにとって父としての慰めとなりました。傍聴者のかたがたは、わたしの大切な子らであり、カトリック信者の数え切れない群れの立場を担っています。彼らは、教会の位階制の諸権威のもとで、神の国を広める助けとしての務めを熱心に果たしています。したがって、この会議場において、この荘厳な時に、すべてがある神秘を意味しています。すべてがすっかり語られ、最後には、天上を観想し、上からの希望を得るために、出席者の魂を高めるのです。

わたしたちのこの公会議が今日までたどってきた特質および道を概観することは、わたしにとって少なからざる喜びです。

公会議の進行に見られる二つの特質を、ここでさらに考察する必要があります。そうすれば、公会議の仕事がたいへん骨の折れる作業であったこと、また公開されたさまざまな協議において、まったく自由であったことに気づきます。実際、この二重の長所は、もっとも重要なこととして評価されるべきであるとわたしには思われます。なぜならそれが、この公会議の一つの特徴であり、後世に対する不朽の模範となるものだからです。この道において今日、教会は働いています。すなわち、教会の勤勉さが、最高の力、最大の契機となるのです。わたしが勤勉さといっているのは、きわめて活発で、自発的に前進することです。

多くのさまざまな意見ばかりでなく、むしろ矛盾する意見さえ公会議の中では聞かれましたが、そのためにわたしの喜びが妨げられることはありません。むしろこのことは、会議の諸議題が奥深く、きわめて重要であったこと、また、その議題が信じられないほど熱心に、かつ、今申し上げましたとおり、適度に自由に討議されたことを明らかに示しています。

そのうえ、このように困難で絡み合った議論が、決して豊かな実りをもたらさなかったわけではありません。実際、すべてに先だって扱われた議題で、その本性の点でも、教会内で重視されているその尊厳の点でも、ある点で何よりも卓越したもの、すなわち、それをわたしたちは聖なる典礼と呼んでいますが、この議題については、幸いなことに結論に達し、今日、わたしは荘厳にそれを公布します。そういうわけで、わたしの魂は心から喜んでいます。実際この仕事において、典礼上のことがらと務めの正当な秩序が保たれたことに注意してください。なぜなら、わたしたちは以下のことを宣言したからです。神に最高の場所が割り当てられるべきであるということ。わたしたちに第一の務めとしてゆだねられているのは、神に祈りをささげることだということ。聖なる典礼が、あの神聖な取り引きの第一の源泉であり、その取り引きによって、神の生そのものがわたしたちに分け与えられるということ。典礼が、わたしたちの魂の第一の学校であるということ。典礼は、信仰と祈りの熱心さでわたしたちと結ばれているキリストの民に、わたしたちから与えられるべき第一の贈り物であるということ。最後に、典礼は人類への第一の招きであり、人類相互の言語の壁は、幸いにも真実の祈りにおいては解消するということへの招きであって、魂をいわば再創造する、あの言い表しえない力が感じられるものだということです。この力は、イエス・キリストを通して、聖霊において、わたしたちが歌う神への賛美と人間の希望のうちにあります。

ここでわたしは、東方教会の信者のかたがたのもとで、どれほどの敬意をもって神聖な祭儀が保たれているのか、どれほど厳密に聖なる儀式が守られているかについて、黙ったまま済ますことはできません。東方教会の信者のかたがたにとって、確かに聖なる典礼は、つねに真理の学校、キリスト教的愛の炎として存在してきました。

それゆえ、公会議のこの実りを保持することには、尽力するだけの価値があります。それは、聖なる教会の生を鼓舞し、ある意味で特徴づけなければならないからです。実際、教会は、とりわけ祭儀を行う団体、祈る共同体、信仰と上からの恩恵によって養われる、自覚の輝きと祭儀の熱心さによって卓越している民だからです。今、祭儀の形式を簡素化し、信者のかたがたが理解しやすいものにするとしても、また、現代の諸言語にいっそう適合させるとしても、祈ることの重要性が過小評価されることは、確かにわたしの意図ではありません。祈りが、聖なる任務や司牧的熱心さからくる他の配慮の後に置かれるべきではありませんし、形式のもつきわめて明確な意味や洗練された古い芸術から、何かを取り去ってしまってはなりません。そうではなく、わたしの意図していることは、聖なる典礼がより純粋な元の形へと戻され、典礼の本性に固有な周知のことがらにいっそう適合し、真理と恩恵の源泉により近いものとなり、より容易に民の霊的宝となることです。

この点に幸いにも触れられているからといって、教会の公の祈りの規則の何かに対して、異議が唱えられ、個人的変更や個別の儀式を導入することがあってはなりません。今日わたしが公布する典礼に関する憲章を、このことについて有用な諸規則が定められ、公会議後にこのために設立される委員会が準備する変更が合法的に認められる以前に、個人的判断に基づいて適用する権限はだれももってはいません。教会のこのすばらしい願いが、全世界に一致したリズムで響き渡りますように。だれもそれを混乱させませんように。だれもそれを乱しませんように。

また、別の成果もあります。これもまた、少なからざる重みをもっています。それは、広報メディアに関する公会議の教令です。この教令は、教会が内的生活を外的生活に、観想を活動に、祈りを使徒職に結びつけるのが可能であることを明らかに示しています。さらにこのことによって、道具としてであれ、文書としてであれ、司牧任務の遂行やカトリック信者の活気に全世界ですでに益している多くの活動理念や形式を、正しく方向づけ、導くことができるよう公会議は作用するでしょう。

それから公会議の成果として、さらに多くの権限が設けられなければなりません。これは、公会議の司牧目的にかなうもので、司教、それもとくに、通常裁治権を行使する司教に属することを望むものです。

しかし、これでも十分ではありません。実際公会議は、精力的に仕事に取り組みました。そして、皆さんもご存じのとおり、多くの問題について論じ始めました。それらの説明は重要な意見として徹底的に保たれるよう申し渡されるべきであり、それらに関する議題の審議の後、そのときに明確に提示され、法に基づいて公布されることになります。

他方、別の諸問題も残っています。それらは評価され、さらに議論されなければなりません。これらは来年の秋に予定されている次の第三会期に、よい結論に到達できると期待しています。わたしたちの心をかなり長い時間、これほど重要なことがらの考察に集中させ続けることを嫌だとは思っていないのは確かです。実際、わたしはこう確信しています。この中断期間に当該委員会の助けによって、多くの希望を提示できるでしょう。とりわけ、総会で公会議教父たちによって提示された意見の内容が尊重され、来る公会議において、深く調べられ、一定の概念で表現され、適切に要約され、手短に述べられた公式文書を準備することができ、討論——それがいつも自由なものであることをわたしは望んでいます——がより容易に、より円滑なものとなることを確信しています。

こうした種類の問題として一例を挙げれば、神の啓示に関する問題があります。公会議は、この問題を解決することによって、一方では、神から伝えられた真理の聖なる遺産を、それらに内在する力を弱める誤謬、濫用、疑惑から守り、他方では、聖書や教父の著作、そして神学に関する諸研究を正しく方向づけることとなります。この研究をカトリックの学者は、教会教導権に忠実に依拠し、何であれ適切なこの時代の成果を利用して、活発に、賢明に、大胆に進めてゆくことでしょう。

同様にこうした種類の問題として、さらに重大で複雑なもの、すなわち司教職に関する問題があります。この問題は、取り扱わなければならないことがらのふさわしい位置づけから見ても、そのことがら自体の重要性から見ても、この第二バチカン公会議において第一の場を占めるものです。この公会議は、第一バチカン公会議のいわば自然な継続であり補完であることを、だれも見逃してはなりません。したがってこの公会議は、キリストに由来し、教皇に認められ、普遍教会の制御に必要な、あらゆる権威に付与された特権を退けるのではなく、それを固め、わたしたちの主イエス・キリストの教えと教会の真実の伝統に基づいて、神によって制定された司教職の本性と任務を提示しようと努めます。また個々の司教であれ司教団であれ、司教たちに属することの諸権能とそれらの行使が、どのようなものであるかを定めようと努めます。その結果、神の教会におけるきわめて高い司教の責務が、適切に明らかにされます。しかしそれは、ペトロの教皇職から引きはがされ、それどころか教皇職に対立するものとして、あたかも自らの権限から制定されたかのように説明されるものではありません。むしろ、教皇とともに教皇のもとに、共通善と教会の最高目的とを、心を一つにして目指すものなのです。こうして確かに、教会の位階制の結合は、諸力の増加によって強められ、弱められることはありません。共鳴する内側の働きは増え、減ることはありません。使徒性の効果は増大し、しぼみません。相互の愛は燃え上がり、静まりません。それゆえわたしは、公会議がこれほどに重要なことを、明確に説明し解決してくれる——これが願いです——と確信しています。

最後に、わたしの希望を述べます。この公会議が、幸いなるおとめマリアをどう理解するかという問題に、できるかぎり最良の説明を見いだすことです。すなわち、結果として、この公会議の主要な論題となっている、聖なる教会における神の母という特別な地位が、一致した同意と最大の敬虔とをもって、はるかに卓越したものとして認められること、わたしがいっている地位とは、キリストに次ぐ最高のもの、かつわたしたちにとってもっとも身近なものです。さらにその結果として、「教会の母」という呼称でマリアを飾ることができるようになることです。これはマリアの誉れとなり、わたしたちの慰めとなります。

公会議が短く触れたこうした諸問題のほかにも、多くの扱うべき別の問題が残っていますが、とはいえ、それらについては、すでに広範に研究されています。わたしは、これらの問題が新たに、より深く吟味されるよう配慮します。そうすることで、公会議の次の会期に、より簡潔な素案が提示できるようにします。これは、すでに申し上げたとおりです。そして、公会議が主要な議題について、まったく困難なく意見を述べられるように、それは上程され、そのうえで整理され、規範的な形式にするために、公会議後に設けられる委員会に送ることになるでしょう。諸委員会の中でも、ラテン教会ばかりでなく東方教会の教会法を改定するための委員会は、疑いなく、いっそう大きな困難に取り組むことになるでしょう。したがってそのとき、すなわちこの公会議の作業が実際に行われる際に、わたしを助けてくださるのは司教たちです。彼らの協力は、最高の敬意に値します。しかも彼らは、必要に応じて、教会的なつながりの本性が要求する、新しいしかたで助けてくださるでしょう。それゆえ全世界の司教の中から、また諸修道会から、経験豊かで優れた、あらゆる兄弟たちを選び出すことになりますが、それは正しいことであり、わたしにとってもうれしいことです。これは、公会議準備委員会のときと同様です。彼らは、枢機卿団のふさわしい教父たちと一緒に、協議と助力によってわたしを助け、公会議の一般教令を適切で固有な規範へと仕上げてくださることでしょう。このようにして、第一バチカン公会議で規定されたローマ教皇の権能はつねに堅くとどめられながら、教会全体の善を促進するために、敬虔で熱心な司教たちの働きがどのようなしかたで効果的となりうるかを、実際の判断と運用を通して、神の摂理の助けによってわたしは知ることになるでしょう。

それゆえ、公会議のこの会期を終えるにあたり、熟考されたすべてのことについて、この会期が卓越した重要性をもっていたと喜んで認めます。この会期は大きな仕事をしました。二つの議題が、上程された議案から解決しました。別の問題の研究が、順調に始まりました。さまざまな意見が自由に表明できることを示しました。討論されるべき重要な問題をめぐる思いの一致が望まれ、得られることを証明しました。また、カトリックの教えの宝である教義上の真理に、皆が堅く、はっきりと帰属していることを公にしました。わたしたち全員のうちで愛を育てました。その愛は、わたしたちにあっては真理の研究と宣言から、決して切り離されてはならないものです。つねに公会議の前提として、聖なる教父たちの務めに頼ることを意識してきました。分かれている兄弟たちとわたしたちの魂が和解できるための道とことばを、どんなときも選びました。最後に、どんな仕事においても、あらゆるよい希望の源泉であり始原である神に祈りをささげました。

しかし、この会期の出口に際して、依然としてなされなければならないことを一緒により鋭く見通し、ますます教会を、この時代の人々に真理と救いを知らせるにふさわしいものとせずにはいられないことを、一緒により深く魂のうちで感じましょう。

実際、わたしたちの気遣いが現代の状況から離れてしまったわけでもありませんし、人類を抱くわたしたちの愛の炎が燃え立たなかったわけでもありません。もちろん、この効果的な愛の熱意を、おのおの自分の魂の中で敬虔に温めながら、それぞれの司教座、いつもの責務に戻ることになります。

この最高の集まりが聖なる使徒職の今日の諸問題に近づく前から、わたしたちは皆、すでに何らかのしかたで、どのようにしてそれらが解決されるべきかを知っています。というのも、豊かさと輝きの点で際立っている教会の教えと、最高の兄弟の模範とが、すでにわたしたちに歩むべき道を示しているからです。したがって、自分の故郷に帰ろうとするあなたがたは、すでに今、より活発な司牧的能力をあかしすることができるのではないでしょうか。つまり、励ましと慰めのことばを信者や、あなたがたの聖務の力が及ぶかぎりのすべての人に贈ることができるのではないでしょうか。すでに今、公会議の次の会期をふさわしく準備するかのように、わたしたちの霊的生活をいっそう激しい熱意によって深め、神の声によりいっそう耳を貸すことができるのではないでしょうか。あなたがたの司祭たちに、一段と燃える愛の通知を送ることができるのではないでしょうか。信徒のかたがたに、信頼に満ちたあいさつと励ましを与えることができるのではないでしょうか。若者たちを、より高いものへと燃え立たせることができるのではないでしょうか。教えに携わる人々に、真理に関する光を示すことができるのではないでしょうか。労働者や職人に、希望と愛のあかしを示すことができるのではないでしょうか。貧しい人や困窮している人に、福音が伝えるもっとも力強い第一の幸福が彼らのものであることを教えることができるのではないでしょうか。

わたしは確信しています。聖なる務めをこのようにより注意深く果たすことによって、わたしたちはふさわしいものとなり、神が望むとき、この偉大な公会議が、キリスト教的生活の幸いな実りをもたらすことができるでしょう。

さて今、もう一つ付け加えたいことがあります。ある計画を皆さんにお知らせします。これは、すでに以前から心の中で思いめぐらしていましたが、今日この選ばれた大事な集まりの場で発表することに決めました。

公会議の幸いなる終結に至るために、敬虔な祈りと多くの働きがささげられなければならないと、わたしは心の底から確信しています。そこで、よく状況に鑑み、神に多くの祈りをささげた末に、わたしは、かの地、わたしたちの主イエス・キリストの故郷を巡礼することに決めました。

すなわち、計画はこうです。神の助けがあるならば、来年の一月にパレスチナに行きます。キリストが生まれ、生活し、死に、そして死から復活して天に上った聖なる地で、とりわけわたしたちの救いの神秘、すなわち受肉とあがないを思い起こすつもりです。わたしは、聖ペトロが旅立った後、その後継者のだれ一人として戻ったことのなかった、尊敬すべきかの地を訪問します。もちろんわたしは、できるかぎり質素に、しかもごく短い期間、敬虔な祈りと改悛、霊的刷新への熱意をもちながら戻り、キリストにご自身の教会をささげ、その後に分かれた兄弟たちに唯一で聖なる教会へと戻るよう呼びかけ、今日依然として弱く、不安に脅えているかに見える平和が守られるよう神のあわれみを請い願い、主キリストに人類全体の救いを祈ります。至福なるおとめマリアが、わたしに道中の導きをどうか与えてくださいますように。使徒ペトロとパウロ、そしてすべての聖人が、わたしを天上から惜しみなく守ってくださいますように。

この巡礼の中で、わたしはあなたがたのことを思い起こします。尊敬する兄弟の皆さん、皆さんもまた祈りによって、そのようにわたしのそばにいてくださるようお願いします。こうして、この公会議が幸いなる結末に到達できますように。キリストの栄光と、その教会の善に到達できますように。

最後に皆さんに感謝し、ごあいさついたします。またオブザーバーの皆さんにも、感謝と敬意を別れに際して申し上げます。さらに愛する傍聴者のかたがた、この公会議のために神に祈りをささげ、神のために忙しく働いてくださった、すべてのかたがたにもごあいさつ申し上げます。

さらに、わたしがとりわけ愛と悲しみをもって思い起こすのは、司教職にありながら、ここに出席できず、苦しみの中に置かれている兄弟たちです。彼らを抱きしめ、心から喜びたいと思っていました。苦しみによってより価値あるものとなった彼らの祈りは、この第二会期の作業が実り豊かに進行するために、実に効果的なしかたで貢献してくれました。確かにわたしはそう思っています。彼らのことを父として思い起こしながら、ずっと寄り添い、彼らに思いを馳せ、キリストとその教会への忠誠にしっかりととどまれるように、彼らを特別な愛で祝福します。同時に、天からのたまものの仲介者をカトリック家族のすべての信者に与え、あがない主キリストの光に照らされている人々に、使徒的祝福を惜しみなく心から与えます。あらゆる善意の人に、すべての幸いと救いがありますよう祈ります。

第三会期開会の演説

パウロ六世

一九六四年九月十四日

尊敬する兄弟であり、愛する息子の皆さん。

聖なる十字架称賛のために、今わたしたちは感謝のいけにえをささげましたが、この聖なる十字架像のもとで、第二バチカン公会議の第三会期が今日始まります。実に、ここに教会があります。わたしたち自身、ここで教会となっています。というのも、わたしたちがキリストの神秘体の肢体だからです。神はわたしたちに、はかりしれない恵みのたまものを与えてくださり、それによって、キリストを信じ、洗礼によって清められ、同じ聖なる目に見える神の民への愛においてつながりました。わたしたちは、教会となっています。なぜなら、わたしたちは教会の管理者、すなわち特別の霊印《カラクテル》を付与された祭司です。すなわち、叙階の秘跡を受けたとき、この職務に定められてゆだねられた力の点で特別です。叙階の秘跡は、わたしたちにすばらしい偉大な権能をもたらし、聖なる位階制の秩序にわたしたちをあずからせました。この位階制の奉仕職を果たすのは、時代に適合させながらそれを継続し、地上にあってキリストの救いをもたらす務めそのものを広めるためです。さらに、わたしたちは教会となっています。なぜならわたしたちは、信仰の教師、いのちの牧者、神の神秘の分配者（一コリント4・1）として、すなわち、自分たちが霊的に気遣っている信徒から選ばれた使節あるいは代理としてではなく、わたしたち一人ひとりの配慮にゆだねられた共同体を代表する父として、あるいは兄弟として、ここであの普遍教会の部分を代表しているからであり、同時に、この総会を、あなたがたすべてとつながりながら、あなたがたの兄弟として合法的かつ正当に招集したのは、わたしだからです。わたしはローマの司教、神の摂理の勧めによるこの特別な都の司教であり、今わたしたちが集っている墓の主、使徒ペトロの、きわめて卑しいながらも確かな後継者であり、そのうえ、ふさわしい者ではありませんが、カトリック教会を真に治める者、キリストの代理者、神のしもべたちのしもべです。

したがって、全教会をわたしたちの役割と聖務によって抱えているわたしは、この会議が公会議であることを宣言します。ここで祝われているのは一性です。ここで祝われているのは、いわゆる教会の普遍性です。これらによって教会は、驚くべき堅固さと、人々を兄弟としてのきずなによって互いに結び合わせる独特の権能とをあかしします。この権能は、文化のさまざまな形態、互いにはっきりと異なった言語、典礼や信心に関するきわめて顕著な様式など、諸国民の生活、社会問題、教育や学問に先立つ、相異なったことがら自体を受け入れる能力のことです。これらすべてを、教会は豊かに一致させ、適正で自然な多様性すべてを保ちます。

ここで祝われているのは、教会の聖性です。なぜなら、教会はここで、神のあわれみを嘆願しているからです。わたしたちは自分が罪人であると告白していますが、その罪人の弱さと過ちをゆるしてくださるよう、神のあわれみを嘆願するのです。また、聖務を果たすにあたって、「キリストのはかりしれない富」（エフェソ3・8）から、すべての人を豊かにする、救いと聖性のもっとも優れたたまものをくみ取ることができるのを、わたしたちはよく理解しているからです。さらにまた、「準備のできた民を主のために用意する」（ルカ1・17参照）こと以外にわたしたちの目的はないということを自覚しているからです。

さらに、ここで祝われているのは、いわゆる教会の使徒継承性です。この使徒継承性を、わたしたち自身、驚くほどの特権であると思っています。なぜならわたしたちは、自分の弱さを体験によって知っており、歴史上に存在する、人間の作ったもっとも強力な制度でさえも、弱さにさらされていることを無視できないからです。また、キリストから使徒たちに与えられた命令が、取るに足りない、弱いわたしたちのもとにまで、どれほど適切にしっかりと伝えられたかをよく知っています。どれほど説明しがたいしかたで、どれほどしぶとく教会が、世代を越えて存続してきたかをよく知っています。教会はいつも生き生きと存続し、いつも適切に自分自身のうちで力を引き起こします。その力は、あたかも抑制できない衝動のように、教会を再活性化させます。

ここで、テルトゥリアヌスのことばが思い出されます。「キリスト者という名前全体が現前し、それが大きな敬意をもって祝われています。信仰が始まり、至るところからキリストへと集まることは、何とすばらしいことでしょうか。ごらんなさい。兄弟たちが一つに住むことは何とすばらしく、何と快いことでしょうか」（『断食について』*De ieiuniis*, Cap. XIII: PL 2, 1024）。

そしてここに教会があるならば、ここにはまた、弁護者である聖霊も現存しています。この聖霊は、キリストがご自分の使徒たちに、まさに教会を設立するために約束されたかたです。「わたしは父にお願いしよう。父は別の弁護者を遣わして、永遠にあなたがたと一緒にいるようにしてくださる。このかたは、真理の霊である。世は、この霊を見ようとも知ろうともしないので、受け入れることができない。しかし、あなたがたはこの霊を知っている。この霊があなたがたとともにおり、これからも、あなたがたの内にいるからである」（ヨハネ14・16―17）。ご承知のように、キリストは二つのこと、すなわち、使徒職と聖霊を約束し、相異なるしかたで伝えてくださいました。それは、ご自分の使命を継続し、ご自分の建てた国を、時を超えて世界中に広げ、そしてご自分のあがなった人々をご自分の神秘体である教会に集め、ご自身の充満が成就するためです。ついには、待望される、世の終わりにおけるキリストの決定的な、勝利に輝く再臨があります。

使徒職は、外的に客観的なしかたで働き、いわば、教会の物質的要素であるからだを構成し、教会に目に見える社会組織をもたらします。それに対して聖霊は、内部にあって働き、一人ひとりの魂の中に力を引き起こすばかりでなく、働きかけている全共同体を活性化し、聖化します。

継承によって聖なる位階制を引き受ける使徒職と、この同じ位階制をあたかも通常の道具のようにことばと秘跡の奉仕に用いるイエスの霊とは、同時に働きます。それは、聖霊降臨の日に、驚くべきしかたで互いに結ばれています。主キリストはすでに見えなくとも、「自分のわざの代理となる司牧者として立てられた」（「使徒の叙唱」参照）使徒とその後継者に、いつも現前しています。彼らを通して働く主キリストのきわめて広大なわざが始まるとき、両者、すなわち使徒職と聖霊は、確かに異なるしかたではありますが、共鳴しながらキリストについてあかしします。両者の結合によって、使徒的活動に超自然的な力がもたらされます（一ペトロ1・12参照）。

キリストのあがないがわたしたちに関係し、わたしたちのうちに成就するための救いのわざの計画が、今も生き生きと働いていることを信じているでしょうか。尊敬する兄弟の皆さん、確かに信じています。しかしさらに、わたしたちによって同じ計画が継続し、結果をもたらさなければならないということを信じましょう。なぜならわたしたちは、神からの権能と能力を与えられているからです。「神はわたしたちに、新しい契約に仕える資格、文字ではなく霊に仕える資格を与えてくださいました。文字は殺しますが、霊は生かします」（二コリント３・６参照）。

もしこのことを疑う人があれば、その人は約束を忠実にお守りになるキリストを侮辱し、わたしたちに与えられた使徒的使命をなおざりにし、教会からそのきわめて確固とした特性を奪うことになります。その特性とは、教会が消滅することを不可能にするもので、神のことばによって保証され、経験によって世代を越えて確認されるものです。

霊がここに現存しています。もちろんそれは、公会議に集まったわたしたち皆が着手した仕事に、秘跡的恩恵を加えるためではありません。そうではなく、その仕事を照らし、教会と全人類家族の益となるよう導くためです。霊がここに現存しています。わたしたちは霊を呼び求め、霊を待ち望み、霊に従います。霊がここに現存しています。教えのこの要点、つまり霊が真にここに現存しているということを、とくに思い起こします。それは、わたしたちが絶対的に、しかも言い表しがたいしかたで、生きておられるキリストと交わっていることを、今一度感じ取るためです。事実、霊がわたしたちをキリストと結びつけています。さらにわたしたちは、次のことに注意します。魂がよく整えられて聖霊にしっかりとつながり、自分たちの惨めさと自分たちを貶《おとし》めるむなしさ、そして聖霊のあわれみと助けを嘆願する必要性とを感じ、使徒の次のことばを、あたかもわたしたちの魂の内側の隠れたところでいわれたことのように聞くのです。

「わたしたちは、あわれみを受けた者としてこの務めをゆだねられているのですから、落胆しません」（二コリント4・1）。したがって公会議というこのとき、わたしたちは深い内的素直さへと駆り立てられなければなりません。それは、子にふさわしいほど、まったく従順に神のことばを受け入れるためであり、熱心に祈りかつ愛し、われわれの精神を霊的情熱で燃やすためです。このかけがえのない機会にあたり、天才的詩人アンブロジオが述べた次のことばが、実によく当てはまるでしょう。「歓喜して霊に酔い、飲もう」（PL 16, 1444）。この公会議の聖なる期間中、こうしたことがわたしたちに起こりますように。

さらに次の点も確認しておきます。移り変わる事物が進歩していく中で、今こそ表明すべきことがあります。わたしたちによって代表され、わたしたちによって形態といのちを受けている教会は、自らに関して、自らを設立したキリストが考え、望んでおられたことを表明すべきなのです。また、教父、教皇、教会博士たちが、たとえば黙想によって何世紀にもわたって生み出してきたそれぞれの知恵に応じて、敬虔に忠実に探求してきたことを表明すべきなのです。教会は、自らを定義しなければなりません。教会は真の自覚によって、聖霊がすでに教会に注ぎ込んでいる教えを提示しなければなりません。主はこう約束しておられます。「弁護者、すなわち、父がわたしの名によってお遣わしになる聖霊が、あなたがたにすべてのことを教え、わたしが話したことをことごとく思い起こさせてくださる」（ヨハネ14・26）。

したがって、第一バチカン公会議が表明しようとして外的な妨げのために中止され、第一部しか定義することができなかった教えを、こうして完成させなければなりません。ご存じのように、第一バチカン公会議で取り扱われたのは、教会の最高牧者、つまりローマ教皇、およびその裁治権上の首位権と教導権の不可謬性に関する最高諸特権についてです。これらはイエス・キリストが、地上における目に見える代理者としての使徒聖ペトロに与え、またこれほど気高く重大な職務を受け継ぐ者に与えられたものです。

残されているのは、この教えに関する論考が完成されること、そしてさらに、キリストの普遍教会について、とりわけ使徒の後継者たちの本性と務め、すなわち司教職についてのキリストの考えが解明されることです。尊敬する教父の皆さん、司教職の尊厳と責務を、あなたがたの大部分は、そしてさらにわたし自身も、畏敬すべき兄弟として、寛大な神のみ旨により授けられています。

他の多くのことがらについても、公会議は教説を整えなければなりませんが、しかし、この司教職をめぐる審議は、他の議題に比べて重大であり、慎重を要するものと思われます。この議題は、歴史上確かに価値あるこの荘厳な会議に対して、疑いもなく後代の記憶にとどまる特別な評価を与えることでしょう。この公会議は、いくつかの神学論争、しかも困難な論争を解決しなければなりません。すなわち、教会の司牧者の本質と聖務を規定し、司教職から合法的に生じる諸特権について審議し、聖霊の助けを借りて、それについて確実な宣言をしなければなりません。また、使徒座と司教との関係を規定しなければなりません。さらに、教会の制度と形態が、東方と西方とでそれぞれの固有性をもつとはいえ、同じ本性に由来するということを示さなければなりません。カトリック教会の信徒とその交わりから分かれている兄弟たちに対しては、「聖霊は、神の教会を導くためにあなたがたを司教に任命なさったのです」（使徒言行録20・28）*ということばで言い表されていることがら、つまり聖なる位階制の秩序の真の概念を明らかにしなければなりません。司教たちは、疑いを差し挟むことのできない確実な権威をもって、しかしながら兄弟たちに、司牧者すなわち信仰と愛の奉仕者にふさわしく、謙虚に忍耐強く仕えようと努める者たちなのです。

こうしたことをわたしも、そして尊敬する兄弟の皆さんも生き生きと思いめぐらしていますが、それは、公会議の第三会期で討議されるべき、さまざまな相異なる問題のうちでも、とくに重視されることになっている問題が、教会の本性と使命に関する教えの核を取り出し、明らかにすることにかかわっているからです。その点に基づき、これまでの二つの会期で始められた詳細な考察が再検討され、申し分なく完成されることとなって、今回の厳粛な教会会議が、適切に第一バチカン公会議の継続となることでしょう。結局のところ、教会が望んでいるのは、教会が自分自身を観想すること、いやむしろ、自らを創設した神イエス・キリストの思いのうちに、教会が自分自身を探求することです。これは、自らの名誉である創立者の知恵と愛への従順を示し、その創立者に対し、繰り返し見つめることによって信仰と忠実を表明しながら、設立の目的である救いのわざの実行のために、自らをいっそう整えること、それに間違いなく相当することなのです。

しかし、そのように振る舞うことで、教会が楽しみのために自分自身の中に安息を見いだし、教会がすべてを受け、すべてを負っているキリストのことも、教会はそれに奉仕するために生まれた人類のことも、忘れてしまっているとは考えないようにしてください。キリストと人間社会との間に、教会は仲介として存立し、少しも自己満足に陥ったり、視界を妨げる障害物となったり、自分を目的としたりはしません。むしろ反対に、すべてがキリストのものとなり、キリストのうちにあり、キリストのためにあるように、また、すべてが人々のものであり、人々の間にあり、人々のためにあるように、一貫して気遣っています。教会は、神なる救い主と人類との間をつなぐ、まことに小さくありながらも卓越した小道として、超自然的生の真理と恩恵を守り広めるために設立されました。

これらのことは、今やきわめて重い、大事なことです。というのも、この変化の時は、世代の変遷の中で、とりわけ聖別されているように思われるからです。実際、教会についてなすべき考察によって、わたしとくにあなたがたにとって、もっとも重いことがらが表に出てきます。それは、教会自身の位階制、また併せて、司教職の起源、本性、任務、権能にかかわってくることになるでしょう。すでに注意しましたとおり、司教職は教会の位階制の特別高い部分であり、「聖霊が神の教会の世話をさせるために」（使徒言行録20・28）、それを建てられたのです。

それゆえわたしは、どこまでも配慮の行き届いた神の摂理に従うつもりです。歴史的に価値のあるこの祝いの場で、司教職を担う尊敬する大切な皆さん、ペトロと一つになっていた使徒たちに、わたしたちの主が送りたいと望まれた栄誉を、わたしはあなたがたに与えます。

第一バチカン公会議の教父たちによって定義され宣言された権能は、事実、唯一最高のものであり、キリストからペトロに渡され、その後継者に伝えられたものです。この宣言によって、使徒の後継者である司教の権威が弱められたと思う人も一部にはいました。そのため、教会法によって普遍教会において最高の権能を認められている公会議のさらなる招集が、まったく余分なものであり、差し止められていると、彼らに思い込ませてしまいました。

今回の公会議も同様に、教皇の特権に関する第一バチカン公会議の教説を、当然確認することになるでしょう。しかしさらに、司教職の特権を書き出し、栄誉をもって照らし出すことを、とくに意図しています。確かに皆さんにご承知いただきたいことですが、この公会議の招集は、わたしの幸いなる先任者ヨハネ二十三世教皇が自ら進んでなされたことであり、わたしもこのきわめて聖なる会議で問われることが、実に司教職にかかわるものであることをよく知ったうえで、直ちに承認しました。それは、関連する教えが考察されるばかりでなく、神の教会を教導し、聖化し、調整する役割をもった、わたしの兄弟たちの栄光、使命、功績、友情を表明するという、真摯な意図があったからにほかなりません。

ここで遠い昔の聖なる前任者、忘れられることなく記憶される大グレゴリオ教皇が、アレクサンドリアの司教エウロギウスにあてて書いた有名なことばを、あたかもわたしが書いたかのように繰り返すのをお許しください。「普遍教会の誉れがわたしの誉れです。わたしの兄弟の堅固な力がわたしの誉れです。わたしの兄弟の一人ひとりが当然の誉れを拒まないとき、わたしは誉れを受けるのです」(8, 30; PL 77, 933)。

カトリックの真理の健全さが今要求していることは、ローマ教皇に関する教えと合致しながら、司教職に属する尊厳と任務を輝く光の中に置く、教えの要点が明らかにされることです。こうした尊厳と任務の輪郭を描き出すことが、公会議の職責です。公会議が得ようと努めていることは、ただ、神の啓示の源泉と、そこから出てくるカトリックの教えが提示するキリストの思いが、正しく解釈されることだけです。わたしに関するかぎり、すでに今や喜んで、司教たちを自分の兄弟と認め、彼らを使徒ペトロとともに「長老たち」(一ペトロ5・1参照)と呼び、自分を「長老の一人」という不似合いではない好ましい呼称で呼んでいます。彼らを使徒パウロのことばで、「苦しみの時も慰めの時もともにしている」(二コリント1・4、7)*と呼ぶことができるのはわたしの喜びです。尊敬、信頼、愛、そしてわたしが魂において彼らと結ばれていることを、彼らに証明できるかどうかがわたしの気にかかっていることです。そして、彼らを教師、牧者、キリスト者を聖化する者、「神の秘められた計画をゆだねられた管理者」(一コリント4・1)、福音のあかし人、新約の奉仕者、いわば主の栄光の輝き(二コリント3・6—18参照)と認めることが、わたしの務めなのです。

そうだとすれば、ペトロの後継者として、またそれゆえ、普遍教会において十全な権能を付与された者としてわたしは、たとえふさわしい者ではないとしても、あなたがたを調整する役割を果たしています。しかしこのことは、あなたがたの権威を減らすことを目指すものではありません。むしろわたしは、あなたがたの権威にとりわけ敬意をもって従います。さらに、もし使徒としての任務がわたしに、司教権能の行使に関して、自分に何かを留保したり、制限を設けたり、形式を定めたり、行動のしかたを規定したりすることを要求するのであれば、これらすべては、ご承知のとおり、普遍教会の善そのものが要請し、教会の一性が要請するものなのです。確かに教会は、ますます最高の指導者を必要としています。すなわち、カトリックの名をもつ教会がいっそう広がり、より重大な危険が発生し、さまざまな時や出来事のつながりにおいてキリストを信じる民の一段と差し迫った必要性が促すとき、もっというならば、今日わたしたちのためにいっそう便利な通信手段が整備されるとき、ますます最高の指導者を必要とするのです。こうした教会の権能による、いわば中心となる「一」への秩序づけは、適度にいつも行われ、各地の司牧者たちに注意深く配分される、時宜にかなった権能行使と有益な奉仕によって埋め合わされます。わたしがいっている、こうした教会の権能による、いわば中心となる「一」への秩序づけは、あたかも支配欲によって得られた、ある種の技術のように評価されるべきではありません。尊敬する兄弟の皆さん、むしろそれは、しもべとしての従順の装いを帯びています。これは、本性的に一であり、位階的であるという、教会の資質に対応しています。この秩序づけは、キリストが教会に約束し、時の経過とともに教会に許す、飾り、力、美しさをもたらします。

このことに関して、わたしの先任者ピオ十二世教皇が、司教会議にあてたことばを思い起こしたいと思います。「それゆえ聖座との結びつき、物事に適切に対応したコミュニケーションは、すべてを強制的に画一化しようという熱意からではなく、神の定め、キリストの教会をまさに構成する、固有の要素から生じるのです」(AAS 46 [1954], p. 676)。

しかしながらこの規範は、司教の権威を決して弱めるものではなく、かえって強固なものにします。それは、おのおの司教の場合であれ、司教団全体の場合であれ当てはまります。聖なる位階制の固有の任務を、どれほどの驚きをもってたたえたらよいでしょうか、どれほど大切に守ったらよいでしょうか。この位階制はキリストの愛から生じたものですが、それは、キリストが自分の教会に遺産として残された、信仰、模範、おきて、カリスマという聖なる宝を完成し広め、そしてそれを、健全で実り豊かなものとして伝えるためでした。まさにその位階制がキリスト者の共同体を生んで、その目に見える組織をふさわしく整え、まさにその働きによって教会は母にして教師と呼ばれ、まさにその奉仕によってわたしたちに諸秘跡の富が分け与えられ、まさにその先導によって神に祈りがささげられ、それがキリスト者の愛のわざと事業を促すのです。この聖なる制度の最高職に定められたわたしは、どうしてそれを配慮し勇気づけ支持しないでいられましょうか。それを弁護するのを、どうして拒絶できましょうか。諸国民のうちにあって、聖なる位階制の権利と自由と尊厳とを守ることよりも大事な責務がありうるでしょうか。教皇職の歴史のほとんどすべては、このような困難な仕事によって織りなされているのではないでしょうか。殊に現代においては、実に混乱した現実を見極める必要があります。

また別の議題でも、カトリック司教職への賛辞を確かなものにしたいと思っています。それは、司教たちと使徒座とを結ぶこの位階的交わりのきずなが、どれほど司教職の尊厳に、どれほど司教職がもつ愛に、役立つかを明らかにするためです。使徒座は、あなたがたを必要としています、尊敬する兄弟の皆さん、世界各地に住んでいるあなたがたには、教会の真の普遍的な概念を作り、それを示すために、このペトロの聖座においてあなたがたが有している、信仰と交わりの唯一性の中心と原理とがどうしても必要です。他方、あなたがたが使徒座を必要とするのと同様に、いつもあなたがたの働きがそばにあることをわたしは期待しています。それは、使徒座が美しく輝きを放ち、人類の普遍的契機においても歴史的契機においても、同じ力が欠けることのないようにするためであり、それどころか、使徒座の信仰が調和しながら保たれ、その職責が模範として果たされ、その困難なときには、慰めが使徒座自体に示されるためなのです。

それゆえわたしは、あなたがたの会合が、司教の任務についての教えを宣言することを期待しながら、まさにこの司教職に、わたしの誉れをすでに授けました。そしてわたしの兄弟として、いやむしろ父としての魂を告白し、心の底からの協力をお願いします。カトリックの位階制の秩序が、信仰と愛との生ききずなによって互いに結び合わされるための合意と調和が、この公会議によって、より深く、より強く、より聖なるものとたえずなりますように。こうしてキリストに栄光が、教会に平和が、全世界に光が訪れるでしょう。

この問題、および審議のために公会議に提出されたその他のことがらについて多くを語りたいのですが、あなたがたの忍耐が続かないのではないかと気遣っています。

しかしながら、この大聖堂から、この特別な機会に、あなたがたが代表している教会共同体に対して、格別の好意をもってあいさつを送らないわけにはゆきません。殊に、わたしは全世界で生活する司祭たちに思いをはせます。わたしにとってこのうえなく大事な彼らを敬愛し、彼らを司教の役務の、力ある真実の協力者とみなしています。次に、修道者たちに思いをはせます。彼らはキリストと一致し、兄弟たちに役立つものとなるよう、全力を尽くして励んでいます。さらに、信徒の立場にあるすべてのカトリック者に思いをはせます。彼らは聖なる位階制の助けとなる働きを熱心に行い、教会が建設され人類社会に奉仕するものとなるよう努めています。また、心身ともに苦しみにある人、貧しい人、敵意をもって非難されている人々に思いをはせます。これらの人々が、わたしの記憶から失せることはありえません。とくに、自由を奪われてこの公会議に出席できなかった人々をわたしは忘れません。

次いで、ここに列席されている傍聴者のかたがたにあいさつを申し上げます。皆さんの魂の崇高な思いと優れた功績を、わたしはきわめてよく存じ上げております。またキリストにおいてわたしの愛する娘、すなわち女性の傍聴者のかたがたに喜んであいさついたします。ここに呼ばれているのは、公会議のある集会にあずかる権利を初めて与えられたかたがたです。男性であれ女性であれ傍聴者の皆さん、ご自分に与えられた公会議のこうした機会に、疑うことなく理解していただきたいことがあります。それは、わたしがどれほど父の魂を抱いて神の民のすべての身分に対して向き合っているかということ、そして、どれほどわたしがキリスト者のつながりに、日々のさらなる豊かさ、つまり心の一致、相互の調和、働きと愛の機会を熱望しているかということです。

さらに、公会議第三会期にも参加を希望された、敬愛すべき著名なオブザーバーの皆さんにもあいさついたします。あなたがたに感謝し、わたしの意志と努力をあらためて表明します。わたしは、あらゆる障害、あらゆる意見の相違、あらゆる疑いが、いつか取り除かれることを確信しています。その障害によって、キリストにおいて、そしてその教会において、まったくわたしたちが「一つの心、一つのいのち」（使徒言行録4・32）*であると感じることが妨げられています。わたしの側でその解決のためにできることは、残らず提供します。わたしは、この一致回復がきわめて大事であると、はっきりと理解しています。そのために、あらゆる配慮をそこに集中し、ことがらが要求するだけの十分な時間をこのことに当ててゆくつもりです。この一致回復への努力は、それぞれの分裂を引き起こした長くて悲しい一連の出来事に比べれば、まったく新しい最近のことです。しかしわたしたちは、その問題を確かな結末と友愛の精神をもって解決できる諸条件が熟するまで、冷静に待つつもりです。この一致回復への努力はきわめて大事であり、神の秘められた意図の中にまったく隠されています。しかしわたしは、謙虚で敬虔な心で励み、それほどの偉大な恵みにふさわしいものとなるよう努める所存です。わたしは、使徒パウロの次のことばを思い起こします。「すべての人に対してすべてのものになり」（一コリント9・22）、使徒は福音のたまものをあらゆる民にもたらしました。このような実践における寛大さを現代的な概念で表現することが許されるならば、「実践的多元主義」と呼びたいと考えています。同じく、この使徒がわたしたちに、次のように勧めていることを思い起こします。「平和のきずなで結ばれて、霊による一致を保つように努めなさい」。なぜなら「主は一人、信仰は一つ、洗礼は一つ、すべてのものの父である神は唯一」（エフェソ4・3、5―6）だからだと。こういうわけでわたしは、キリストの唯一の教会にまったく忠実に従いながら、今なおわたしたちから分かれている、さまざまなキリスト者共同体の中にある真実や証明すべきことがらを、よりよく認識し明らかにしていくよう尽力します。同様に、それら諸共同体のかたがたにお願いいたします。カトリックの信仰とカトリックの生活の意味をよりよく認識し、こうしたわたしの招きに何の反感も抱かず、むしろ義務に忠実な兄弟としてのものだとみなしてほしいのです。というのも、そのかたがたを真理と愛の充満に新たに参与するようお招きしたいからです。わたしがいっているその充満とは、このうえなく喜ばしい任務とこのうえなく重い責任に値しないわたしに、守るべきおきてとしてキリストが手渡したものです。そしてこの充満は、キリストの名を宣言するすべての人が一つに集められるときに、より明るい光の中に置かれることになるでしょう。

他方、この盛大な公会議にオブザーバーの役を果たしている、尊敬する高名な来賓の皆様を通して、皆様がその代表となっておられるさまざまなキリスト者共同体にも、心よりあいさつを送ります。また、ここに代表使節を送っていない諸共同体にも、わたしは尊敬の思いをはせます。しかしながらわたしたちは、いまだ霊的で目に見える神秘体の充実した全体性から離れているとしても、キリストの肢体として、祈りと愛によって一つに集まっています。このキリストの神秘体においてこそ、確かに愛と敬虔の熱意のために、わたしの痛みは増し、わたしの希望も増すのです。ああ、諸教会よ、あなたがたは何とわたしから遠く離れていながら、わたしの近くにあることでしょう。ああ、諸教会よ、心からの好意のために、わたしはため息をついています。ああ、諸教会よ、眠られないほどの望みで、わたしはあなたがたをたたえます。ああ、わたしの涙の諸教会よ、わたしはあなたがたをキリストのまことの愛で抱き、名誉で飾りたいと強く望んでいます。あなたがたのもとに、この一致の基軸から、すなわち殉教者使徒聖ペトロの墓から、兄弟愛と平和のこの公会議場から、わたしの叫びと愛に満ちた声が届きますように。おそらく、なお長い間、離れ離れで、完全な和解が成立するには多くの時が過ぎることでしょう。とはいえ、あなたがたはすでに、わたしの胸の内にあることをご理解ください。そしてあわれみ深い神が、わたしのこの切なる願いを聞き入れ、かくも甘美な希望をはぐくんでくださいますように。

最後に、わたしに対して、あるいは好意を寄せ、あるいは無関心に振る舞い、あるいは敵意を抱いているであろう人々の集団に思いをはせます。その集団に対しても、再びわたしはあいさつを申し上げます。というのも、同じあいさつをベツレヘムの洞窟で、わたし自身すでに申し上げたからです。そしてわたしは、教会が人々の霊的救いと市民としての繁栄を得るために奉仕し、またそれのみならず、人々が平和と真の幸福を享受するに至るよう尽力する決意に動かされています。

それゆえ、尊敬する兄弟の皆さん、わたしはあなたがたにお願いします。第二バチカン公会議の第三会期を開会するに際して、あなたがた一同が心を一つにして、弁護者である聖霊に祈りをささげてください。主のみ名により、至聖なるおとめマリア、幸いなる使徒聖ペトロと聖パウロのご保護によりすがり、皆さん一同に愛を込めて、教皇の祝福を送ります。

第百十六回総会での演説

パウロ六世

一九六四年十一月六日

愛する兄弟の皆さん、ご承知おきください。バチカン大聖堂のこの神聖な広間で行われている公会議にたびたび参列することは、わたしの願いです。

確かにわたしは、とにかく総会の一つで議長を務めると決めていましたので、宣教をテーマとして皆さんの討論が行われる、この日への参加を決めました。もちろん、このことを前から希望していたのですが、それは、今心を向けている議案の特別な重大さと重要さによるものです。

幸いなるペトロの後継者であるわたしと、使徒の後継者である皆さんには、今、あのもっとも強い神の命令が、せつに鳴り響いています。「全世界に行って、すべての造られたものに福音をのべ伝えなさい」

（マルコ16・15）。この命令を実行することに世界の救いはかかってきましたし、今もかかっています。この至聖なる会議に与えられた目的は、福音を寛大に効果的に行き渡らせるために、新しい道が建設され、新しい概念が考え出され、新しい活発な努力がなされることです。

こうした問題を扱うための草案が皆さんの手にあるよう事前に配慮していましたが、素材であれ、論題の重さであれ、議論する順番に関することであれ、より多くのことをわたしは見いだしました。このことは、大きな称賛に値すると思います。それゆえ、見通しを述べれば、かなりの部分で洗練される必要があると皆さんはお考えになるでしょうが、しかし容易に賛同に至るでしょう。その草案に書かれた、ねらいを定めた意図、明示された企画、そのために明確にされた行程と概念が、現実に力を発揮して、燃え上がるような熱意によって、この地上に神の国を実現させますよう、また、福音の種蒔《ま》きに対して、収穫の希望がいっそう豊かに現れてきますようにと願います。

とくにわたしが喜んでいるのは、普遍教会が宣教的であり、それゆえ、信者一人ひとりもなしうるかぎり宣教的となることを、しっかりと求めている点です。語りえない信仰のたまものを授けられた人々、福音の栄光という明かりによって照らされた人々、王的祭司職および聖なる種族と認められる教会の子らは、自分が受けた偉大な務めゆえに、いつも神に最高の感謝をささげるべきであり、祈りと敬虔な行い、惜しみない施しは、福音を告げる人々にとって、助けと慰めにならなければなりません。その結果、信仰を広めることに精一杯努力すること以上に、人間にとって、救いとなり神の栄光にかなうことはないので、宣教的な使徒職とは、気高い確信をもって、信仰の熱意、先を見据えた寛大さ、施しを与えるあわれみであると理解すべきです。この宣教的な使徒職こそ、もっとも卓越した力をもつものです。「あなたに贈り物をする人は、あなたが本分を尽くす者であることを望んでいます。あなたがもつようにと与えるかたは、配るように命じてこういいます。「与えなさい。そうすれば、あなたがたにも与えられる」（ルカ6・38）」（大聖レオ教皇『説教十七』*Sermo XVII*, II: PL 54, 181）。

しかしながら福音の畑は、勤勉に耕されるとしても、露をしたたらせる神の恵みのおかげで、休閑地がもつ幸いなる肥沃《ひよく》さを帯びています。それゆえ、宣教者のための祈りは、施しと善行によって強められて、いっそう熱を帯びたものとなり、神へと上昇してゆきます。「すべての人を救い、真理の認識へと導かれる神よ、あなたの刈り入れのために働き手を送ってください。そして、全き信頼をもって、神のことばを彼らに語らせてください。その語りによって、あなたのことばが聞かれ、説き明かされますように。また、すべての民族が、唯一まことの神であり、あなたの御子、わたしたちの主イエス・キリストを送られたあなたを知ることができますように」（『ローマ・ミサ典礼書』信仰弘布のミサ）。

この短い話を閉じる前に、公会議の教父たちに真心からごあいさつ申し上げます。彼らは宣教を目的として、キリストの国に向かって働いています。そして、彼らに対するのと同様に、わたしの感謝の思い、祝福を、ごあいさつとともに、その他のかたがたにも送ります。教父である司祭たち、男女宣教会の皆さん、カテキスタの皆さん、宣教の手助けに専念されるかたがた、時宜にかなった支援をしてくださるかたがた、救いに役立つ企画をはぐくんでくださるかたがたに感謝いたします。

この燃えるような願いを、わたしが皆さんに授ける使徒的祝福が確かなものとしますように。

「神、わたしたちの神がわたしたちを祝福してくださいますように。神がわたしたちを祝福してくださいますように。地の果てに至るまで、すべてのものが神をおそれ敬いますように」（詩編67・7―8）。

第三会期閉会の演説

パウロ六世

一九六四年十一月二十一日

尊敬する兄弟の皆さん。

二か月にわたるあなたがたの熱心で兄弟的な働きのおかげで、実り豊かに執り行われているこの第二バチカン公会議の困難を抱えた第三会期も、本日の荘厳で聖なる会合をもって閉会する運びとなったことを神に感謝しましょう。ああ、確かにわたしは、自分の魂が神の恵みを思い喜んでいることを神にお伝えする務めを、強く感じているのです。歴史的な意義をもち摂理的な配慮を感じるこの出来事に参加し、そればかりでなく、わたし自身が、謙虚に、幸いにも先駆けを果たして、力、意義、充実をこの出来事に見いだすという使命を、神がわたしに与えてくださったからです。まことに次の主のことばは、あたかもわたしたちに向かって述べられたかのように聞くべきです。「あなたがたの目は見ているから幸いだ。あなたがたの耳は聞いているから幸いだ」（マタイ13・16）。実に、わたしたちの精神のまなざしの前に、神の聖なる教会が現れています。その教会は、それぞれの群れが従う牧者たちによって代表されています。その教会は、確かに神によって、わたしの声の力によって、集められ一緒になっています。実に、ここにカトリックの位階制が現れています。神の聖なる民を立て、治めることは、この位階制の仕事です。この位階制は、このように一つの座へと集い、一つの魂で共鳴し、祈りも一つ、信仰も一つ、愛はことばにおいても思いにおいても一つです。実に、この会議は比類ないものです。わたしたちは、この会議をたたえることを決してやめませんし、決して忘れることもできません。なぜなら、この会議は父と子と聖霊の栄光に向かおうとし、啓示のすばらしい知らせを思い起こし、そのもっとも深い真実の意味を探求することに専念したからです。実に、人々が一つの場所に集まっています。この人々は、皆自分の利益やむなしいことへの熱意とは無縁であり、神の真理に証明を与えようと努めています。この人々は、確かに弱いものであり、誤りから免れているわけではありませんが、真理を知らせることができると確信しており、しかもその真理は、決して議論を引き起こすようなものでもなければ、制限されるはずもないものです。わたしが申し上げている人々とは、この時代のこの地上の子らのことですが、時と場所を超えて集められています。それは、兄弟たちの重荷を肩に担い、彼らを霊的な救いへと導くためです。この人々が、自ら進んで奉献する準備ができていることは明白です。彼らを燃え上がらせている愛は、それが宿って燃えている魂そのものよりも大きいものです。彼らを駆り立てている力は盲目的と見えるかもしれませんが、しかしそれは、穏やかな信頼に結びついています。彼らは、人生と歴史の意味を探求し、それらに力と偉大さ、美しさ、キリストにおける一致を与えることを目指しています。しかしその一致は、主キリストにおいてのみ可能です。ここにおられる尊敬する兄弟の皆さん、このような称賛は皆さんのおかげです。わたしたちを見つめている外におられる皆さん、このような称賛は皆さんのおかげです。これほどすばらしい、信仰にあふれた、魂を揺さぶる、荘厳な光景を見ることができるでしょうか。

終わりを迎えようとしているこの会期末にあたり、討議され、最後に定められた議題を思い起こすと、わたしたちの喜びは増します。教会についての教えが取り扱われ、解明されました。こうして、教理に関する第一バチカン公会議の作業を完成することができました。教会の神秘と教会の主要な諸制度に関する、神の計らいが探求されました。

もう一度申し上げます。神に感謝しましょう。実り豊かな終わりを迎えたこと、そして、まさしくわたしたちの胸が喜びに満たされていることを。今後わたしたちは、キリストの神秘体に関する神の思いを、より容易に理解することでしょう。そしてこの認識によって、教会生活がくみ取りうる、より明らかでより確かな基準を理解することでしょう。また同様に、人々を救いへと導く教会の努力を不断に助けるより大きな力と、この世でキリストの支配が発展することへのより強い希望を理解することでしょう。それゆえ主をたたえましょう。

この会期になし遂げられたことについて述べると長くなります。すなわち、聖書に含まれる真理と教会の真正な伝承とにまったく合致しているよう、敬虔で鋭い研究がなされました。また、労力をかけて、教会自体を構成する法の最奥にある力と主要な真理とが見いだされ、不動で確かなものと、自然で正当な進歩によって諸原理から導き出されたこととが区別されました。さらに、教会の神秘をあらゆる方向から照らし出す研究がなされ、キリストの神秘体の生が、そのすべての部分について、そのすべての務めについて、自らが追い求めるすべての目的について、適切な道理によって説明されました。

しかしながら、このようにしてささげられた精神的苦労の中でも、もっとも困難で記憶されるべき点は、確かに司教職に関することでした。それゆえ、この点についてだけ、どうわたしが考えているのか、今少し説明することを許してください。

述べたいのは、この一点です。すなわち、司教職に関する教えが十分に研究され討論されて、少なからず明快な結論に至っているのを、わたしは大いに喜んでいるということです。このことは、第一バチカン公会議を完成させるために確かに必要なことで、格好の機会となりました。現代において神学研究がもたらした大きな進展、カトリック教会の全世界への広がり、日々の熱心な司牧活動で生じている教会が解決しなければならない諸問題、そして、きわめて多くの司教の自らに関することがらの教理的な説明を期待する願いが、まさにそのような機会を求めていたのです。なすべき理由は、適切に示されました。そこでわたしは、ためらうことなく、採用された用語の解釈のために、示された教えが公会議の精神に従って帰する神学的意義のために、付される説明を心に留めて、繰り返しますがためらわずに、神の助けを得て、この『教会憲章』を公布します。

しかしながら、この公布にあたってもっとも強く注釈しておくべきと思われるのは、伝承されてきた教えは、この憲章によって決して変えられてはいないということです。キリストがお望みになったことを、わたしたち自身望んでいます。かつてあったことが、とどまっています。幾世紀にもわたって教会が教えてきたのと同じことを、わたしたちも教えます。ただ、以前は単に生き方のうちに含まれていたことが、今やさらに明らかな教えとして表現されます。つまり、これまでずっと考察され、討議され、部分的には論争にさらされてさえいたことが、今や教理上の確定的な表現のかたちでまとめられました。確かに、神の摂理的な配慮によって、きわめて輝かしい時がわたしたちに与えられたといえます。ここでいう時は、昨日その到来が徐々に近づき、今日その輝きが増し、明日そのいやしの力が、教えの新たな発展、より活発な力、より適切な制度によって、教会生活を確実に豊かにするといえるものです。

またこの公布にあたって注意を向けるべきは、もちろん、この憲章によって神の民に帰される誉れです。わたしにとって、すべての兄弟とすべての子らに認められた尊厳が、厳粛に識別されることほど喜ばしいことはありません。彼らによって、聖なる民はともに成長してゆきます。聖なる位階制の奉仕は、民の召命、聖化、統治、永遠の救い全体を、その目的としているからです。この憲章によって司教職におけるわたしの兄弟たちに関して定められたことは、わたしにとって少なからざる慰めです。ああ、なんと喜ばしいことでしょう、彼らの尊厳が厳粛に宣言され、その職務が称賛され、その権能が認められるのを見ることは。ああ、なんと尊い感謝を、わたしは神にささげるのでしょう。幸いにもわたしは、あなたがたの奉仕の聖なる品位とあなたがたの祭司職の充満を、しかるべき誉れによって飾り、さらに、わたしと尊敬する兄弟の皆さんとを結ぶ、相互に不可欠なきずなを宣言できるのです。

また、次のことも敬虔な感情抜きには考えられません。それは、主キリストがペトロにゆだね、その後継者、すなわちローマ教皇に託された、第一で唯一の普遍的な職務についてです。その一部を今日わたしが、ふさわしくないにもかかわらず担っています。わたしがいうこの職務は、わたしがすでに公にした荘厳な文書の中に、広範囲にわたってしばしば認められ、それに敬意が払われています。このことを、わたしは喜ばずにはいられません。しかしそれは、わたしに戻ってくる尊敬のためではありません。わたしは単にこの責務をおそれているのであって、欲して保とうとはしていません。より正確には、キリストのことばにある名誉ゆえ、聖なる伝承と教会の教導権との一致が再確認されたことゆえ、そして最後に、教会の一致と、教会の統治において必ず保たれるべき調和的で効果的な行動、その両者の保護が承認されたがゆえの喜びなのです。教皇のこの特権がなしうるかぎり明確に認められることが重要であったのは、教会における司教の権威に関する問題が解決されるべきであったからです。実際その権威は、決してキリストの代理者、司教団の頭《かしら》の権能に対立するものではなく、教会を構成する法に基づいて、明らかに調和するものなのです。

したがって司教職は、緊密でそれ自体の本性に基づく結びつきによって、相互に一致した、ある一つのからだとなっており、幸いなるペトロの後継者である司教のうちに、相矛盾する権能ではなく、また外的な権能でもなく、むしろ反対に、中心としての頭《かしら》をもっています。そのため、わたし自身駆り立てられています。すなわち、注意深い研究によって、わたしと一つであるあなたがたの諸権限を説明し、それらが増えることを喜び、それらの卓越性を守り、わたしに等しい諸権限に頂点と完成をもたらすよう駆り立てられているのです。

したがって、こうした理由から司教の責務を満たす力と効果を認めたわたしは、信仰、愛、責任、そして相互協力を、ますます共有し合うことに意を注いでいます。あなたがたの権威を認め高めているからといって、わたしの権威が弱められたり妨げられたりするのではないかとおそれたりはしていません。むしろわたしは、わたしたちが兄弟となるための魂の結びつきが、より強いものになると感じています。さらに、わたしが統治すべき普遍教会にますますふさわしい者となることを自覚するのは、同じ配慮に従うべきあなたがた一人ひとりが、調和していることをよく分かっているときです。そして、イエス・キリストの助けにわたしがより信頼する者となるよう感じるのは、わたしたち皆が相互にキリストの名において結ばれ、将来につながることを望むときです。

このような教えの説明が、実際にどのような効果をもたらすのかを今見通すのは容易ではありませんが、しかし、霊的な面での探求と教会法上の諸規定において、実り豊かなものとなることを予測するのは困難ではありません。公会議は、次の第四会期で終了する予定です。そこで、公会議の諸教令を実行するために、公会議後に多くの委員会を設ける必要がありますが、これらの委員会を調整するために、司教職の助力が必要となるのは明白です。さらに、この現代に固有なものとして知られており、継続的に生じている、普遍的な重要性をもつ問題を処理しようという配慮に動かされているわたしは、あなたがたから選び出された尊敬する兄弟のかたがたを特定の時期に呼び寄せ、その熟慮にそれをゆだねます。それは、わたしがあなたがたの存在によって慰められ、あなたがたの思慮分別や経験によって助けられ、あなたがたの配慮によって守られ、あなたがたの権威によって支えられるためです。また、有効に次のことも生じています。現在注意深く進められ、新たな形へと再編されるはずのローマ聖省は、教区の司牧者の経験を利用できるでしょうし、そのようにして、すでに忠実な奉仕のゆえに重きをなしている自らの責務は、さまざまな地域からやってきて知恵と愛の助けをもたらす司教たちの働きによって、その遂行と完成へと導かれるでしょう。

実際のところ、研究と審議の数が増えれば、おそらくある程度の困難も伴うでしょう。なぜなら、大勢で行うことがらは、個人で行うことがらよりも著しい妨げが生じるものだからです。しかし、もしそれが教会の一元的かつ位階的な性格にうまく応じ、皆さんの優れた助力によってわたしの苦労がより軽減するならば、わたしたちは賢明と愛によって、数々の困難に打ち勝つことができるでしょう。その困難とは、このような教会統治に含まれている課題に、まさに本来的に備わっているものなのです。

わたしが期待していることは、第二バチカン公会議が照らし出し告げ知らせた教会の神秘に関する教えから、今後も多くの善が、人々の魂、とりわけカトリック信者の魂のうちにもたらされることです。つまり、すべてのキリスト信者は、キリストの花嫁のまことの表情が、一段とくっきり描き出されて示されるのを見たいと思っています。自分の母であり、教師であるかたの美しさを見たいと思っています。この制度の、尊敬すべき単純さと偉大さを見たいと思っています。歴史的な誠実さの奇跡、卓越した社会生活の奇跡、最善をもたらす諸規定の奇跡を見上げたいと思っています。そして、わたしたちが見上げたい、継続する進歩を示す何らかのしるしのうちに、神的な部分と人間的な部分とが結び合わされており、その結果、イエスを信じる人々の社会において、受肉と贖罪のみ旨がみごとに現れます。すなわち、アウグスティヌスの表現によれば、わたしたちの救い主「キリスト全体」が現れるのです。

とりわけ喜び踊っているのは、ひたすらキリスト教的完徳をつねに実践している人々です。わたしがいっているのは、教会の最良の肢体である修道士と修道女のことです。彼らは気高い弁護者であり、最愛の子らなのです。

しかし、同じく最上の部分として喜ぶ必要のある人々は、わたしの兄弟や子らに属していながらも、いまだに正しく適切な信仰の自由がまったく認められていなかったり、制限されていたりする生活をこの地上で送っている人々です。彼らが属している教会は、「沈黙の」教会もしくは「涙の」教会と呼ばねばならないほどです。また、彼ら自身が偉大な教えを喜ぶことで照らし出しているのは、彼らが耐えている苦しみと、彼らが示している信仰が、荘厳にあかししている教会なのです。これらを実践している彼らは、人類のあがないの犠牲であるキリストとともに、最高の栄光を獲得します。

今後、今はまだ分かれていても、キリストにあって兄弟であるかたがたが、教会の同じ教えを公平かつ寛大な心で熟慮してくださることを希望します。ああ、どれほどわたしたちは望んでいることでしょう。この公会議が承認した『エキュメニズムに関する教令』に含まれている解説によって補足された教えが、彼らの心にいわば愛の酵母のように働いて、わたしたちとの交わりへと、よりいっそう動かされ、最後には、神が与えてくださるなら、わたしたちと対等な仲間となるように、その思いや見解を見直してくださることを。それに対して、この教えに打たれたわたしたちが最高の喜びをもって注目するのは、教会が自分の姿の輪郭を描きながら、その愛の限界を決して制限することなく、むしろ拡張し、つねに発展し、つねに招く、自らの普遍性にかかわる多様な運動を押しとどめはしないということです。お許しいただけるならば、この場をお借りしてわたしは、わたしたちから分かれている教会やキリスト者であると信仰告白する団体からここに派遣されているオブザーバーのかたがたに、慎んでごあいさつを申し上げます。公会議への参加を望んでくださったことに感謝するとともに、ご繁栄をお祈り申し上げます。

最後にわたしは、教会についての聖なる教えが、教会がその中に生き、それに取り囲まれている世俗世界さえも、その喜びの光の反射によって照らすことを望んでいます。実際、教会は、諸国民の間に上げられたしるし（イザヤ5・26参照）として自らを提示する必要がありますが、それは旅路にあるすべての人を、到達すべき真理および生へと安全に導くためなのです。だれにとっても明らかなとおり、この教えの説明は、聖なる神学の厳格な論理と方法に、忠実に適合しつつ自らを証明し教えていますが、とはいえ、人類を忘れてはいません。ここでわたしが人類といっているのは、教会に流れ込むもの、あるいは、教会がその神的な任務を果たす状況や場所の歴史的、社会的な条件となるものです。教会は人類のために建てられました。教会が自らに要求している地上的な権威は、人々に奉仕し人々を大切にするために、自らにゆだねられるものに他なりません。

聖なる教会は、自らの思考方法や自らの組織を完成へと導きつつも、同時代の人々の価値や習慣から自らを引き離すことなく、むしろ目指しているのは、人々をよりよく理解し、人々の窮状や人々の正当な望みを共有し、繁栄、自由、平和を求める人々の努力を支えることです。

他方、取りかかった次の論題を、この公会議の終わりまで継続することははっきりしています。すなわち、「信教の自由」に関する議案は、時間不足で今会期末までに取り扱えませんでした。また、別の議案「現代世界における教会」は、公会議に織り込まれるかのように据えられましたが、この会期にすでに簡潔に検討され、次の最終会期で全面的に解明されることになります。

以上のことが述べられたので、ここでわたしの話を終わらせる前に、もう一つ別のことに触れたいと思います。

すなわち、尊敬する兄弟の皆さん、わたしたちは純粋な心と感謝の念を込めて、子らにふさわしく、幸いなるおとめマリアにも思いを向けないわけにはいきません。わたしたちは、マリアをこの公会議の保護者、わたしたちの労苦の証人、もっとも親切な助言者として、喜んでいただいています。実際、この公会議は、最初から聖マリアと聖ヨセフの天上からの保護にゆだねられています（AAS 53 [1961], pp. 37s., 211ss.; 54 [1962], p. 727 参照）。

同じ動機から、慈悲深い神の母に昨年、リベリア大聖堂（ローマの四大バジリカの一つである、サンタ・マリア・マッジョーレ大聖堂の別名）に集まり、「ローマ人の救い」という栄誉ある名前が与えられている畏敬すべきイコンの前で、ともに崇敬をささげました。しかしながら今年、公会議が聖母にささげようとしている名誉は、さらに偉大で意義深いものです。というのは、幸いなるおとめマリアに関して述べられた章全体が、今日公布された『教会憲章』の頂点となっているので、おとめである神の母をたたえる比類ない賛歌でこの会期を終わることが、正当に認められるのです。

事実、一つの公会議が、キリストと教会の神秘の中に占めるべき幸いなるおとめマリアの位置づけに関するカトリックの教えを、一つにまとめ上げたのは初めてのことです。こう述べながら、わたしの心は感動に打ち震えています。

このことは、この公会議に提案されたことがら、すなわち、聖なる教会の容貌を示そうということに、明らかに合致しています。神を産まれたかたは教会としっかり結ばれ、教会に属します。それは、ある人が聖母のことを「もっとも偉大な部分、もっとも優れた部分、もっとも卓越した部分、もっとも特別な部分」（ルペルトゥス『ヨハネ黙示録注解』*Apoc.* I. VII. c. 12: PL 169, 1043）とみごとに語ったとおりです。

実際、教会自体は、位階的秩序や聖なる典礼、諸秘跡、諸制度からなる仕組みによって構成されるばかりではありません。教会の内的力と特性、人々を聖化する効力の特別の源泉は、教会とキリストとの神秘的な結合のうちに置かれています。もちろんこの結合をわたしたちは、受肉した神のことばの母であるマリアから切り離して考えることはできません。わたしたちの救いを配慮するために、キリストご自身が聖母を自らに内的に結びつけました。

したがって、教会自体を見つめるわたしたちが、神がご自分の聖母の中で行われた不思議なわざを、愛する心で観想するのは当然です。そして、幸いなるおとめマリアに関するカトリックの真の教えを知ることは、キリストと教会との神秘を正しく理解するための効果的な助けとなるでしょう。

マリアと教会とを互いに結ぶしっかりとした諸特質を考察しながら、公会議のこの『教会憲章』に明らかに示されていることによってわたしは、今この時が、荘厳に最高のしかたで願いを満たす好機であると思います。それは、前回の会期末に指摘されたことで、非常に多くの教父が同様に認めたことです。すなわち、この公会議の間に、幸いなるおとめマリアがキリスト者の民の中で担った母としての務めを、明確なことばで告げ知らせることが、せつに求められました。こういうわけで、幸いなるおとめマリアに誉れを帰する称号を、まさにこの公の会議の場で正式に表明することが適切だとわたしには思われます。この称号は、カトリック信者のいるさまざまな地域から要請されており、わたしにとって特別なしかたで、喜ばしく受け入れうるものです。それは、この公会議が、教会における神の母に固有なものと認めている特別な地位を、驚くほど簡潔に表現しているからです。

したがって、幸いなるおとめの栄光とわたしたちの慰めのため、至聖なるマリアを「教会の母」とわたしは宣言します。「教会の母」とは、キリストの民全体、つまり信徒も司牧者も含む、キリストの民全体の母ということです。そして、このいと甘美なる称号で、今やすべてのキリストの民が、今後いっそう栄光を神の母に帰し、嘆願をささげるよう定めます。

尊敬する兄弟の皆さん、この称号は敬虔なキリスト者にとって、決して聞き慣れないものではありません。いやむしろ、このような母の名によってキリスト者と教会全体は、力強くマリアに呼びかけることを選びます。事実この名は、マリアが受肉した神のことばの母として言及される際の尊厳に堅く依拠しているため、マリアの真の敬虔さにかかわるものです。

神聖な母性のゆえにマリアは、実際にキリストと個別のかかわりをもち、イエス・キリストによって人類の救いのわざがなされたときにそばにいますが、それと同様に、神聖な母性から、とりわけマリアと教会との間に、ある関係が生じてきます。なぜなら、マリアはキリストの母だからです。つまりマリアは、つねに自らのおとめの胎《たい》のうちに人間本性を受け取り、自らのためにキリストの頭《かしら》にその神秘体、すなわち教会を結びつけるのです。したがってマリアは、キリストの母として、信者と牧者たち皆の、すなわち教会の母でもなければならないのです。

こういうわけでわたしたちは、ふさわしい者でもなく弱い者であるにもかかわらず、信頼する魂と子としての愛に燃えて、聖母を仰ぎ見るのです。かつて、上からの恵みの泉であるイエスをわたしたちに与えてくださった聖母は、自らの母としての助けを教会に与えないではいられません。とくに、キリストの花嫁が熱心に自らの救いの務めを果たそうと努めている、今このときにおいてはなおさらです。

しかし、この信頼をいっそう育て続け固めるようわたしに勧めるのは、わたしたちのこの天上の母と人類との間にある、きわめて強いきずなです。たとえ、受肉した神のことばにふさわしい母となるために、神からの非常に豊かで驚くべきたまものによって満たされたとしても、マリアはわたしたちのすぐそばにいます。わたしたちと同じくアダムから生まれた娘であり、それゆえ共通の人間本性をもった、わたしたちの姉妹でもあります。確かに、キリストの将来の功績によって最初の堕罪から免れたかたですが、その人間本性が、神から受けたたまものに、さらに自分の完全な信仰の模範を付け加えました。こうして聖母は、「信じた人は幸いです」という、福音的な称賛に値するのです。

この死すべき人生において、聖母はキリストの弟子としての完全な形を示し、すべての徳の鑑《かがみ》となり、自らの振る舞いの中に、イエス・キリストが教えられたあの真福八端を十分にもっていました。そのため普遍教会は、多様な生活と活動的な熱意を展開しながら、完全にキリストに倣うための絶対の模範を、神の子を産んだおとめから受け取ります。

それゆえ、しかるべく『教会憲章』が公布された後、マリアをすべての信徒と牧者の母、つまり教会の母と宣言したことが、その『教会憲章』にいわば頂点を与えたので、キリストを信じる民が、より大きな希望と熱意に燃えて幸いなるおとめに呼びかけ、マリアにふさわしい礼拝と誉れを表すようになると確信しています。

わたしたちに関していえば、わたしの前任者ヨハネ二十三世教皇の勧めに応じて、「イエスの母マリア」とともにこの公会議場にまず集まったように、「教会の母」という至聖にしていとも甘美なマリアのみ名とともに、この大聖堂から出て行きます。

この第三会期を通じて、わたしたちに惜しみなく与えられたマリアの母としての助力を思い起こし、感謝の心を表すために、尊敬する兄弟の皆さん、あなたがた一人ひとりが、マリアの名前と誉れをキリスト者の民のもとで、いっそう熱烈に掲げるよう努めてください。また、マリアの模範を信仰に関して模倣すべきものとして提示してください。信仰に関してというのは、どのような天上の恵みの促しにも速やかにこたえる従順に関してということであり、つまりは生活が、キリストのおきてと愛の息吹に内部から合致すべきであるということです。こうして、共通のマリアの名に互いに結ばれているすべての信者が、自らが宣言すべき信仰と従うべきイエス・キリストに、ますます堅くつながっていることを自覚でき、同時に、兄弟たちに対する一段と燃える愛によって熱くなり、貧しいものへの愛と正義の実践、平和の保護を促進できるでしょう。それは、すでに偉大な聖アンブロジオが、みごとに勧めているとおりです。「一人ひとりの内側で、マリアのいのちが主をあがめますように。一人ひとりの内側で、マリアの霊が神に喜び踊りますように」（『ルカ福音書注解』*Exp. in Luc.* 2, 26: PL 15, 1642）。

とりわけわたしがせつに望んでいるのは、次のことが明るい光の下に置かれることです。すなわち、主の卑しいはしためであるマリアのすべては、神と、イエス・キリスト、わたしたちの唯一の仲介者であり、あがない主であるかたに向かっているということです。同様に、おとめマリアへのしかるべき崇敬が、どのような真の本性によって成り立ち、どの方向に向かっているのかが、明確に説明されるよう望んでいます。とくに、わたしたちから分かれた多くの兄弟たちが住んでいる地域でのそれを望んでいます。それは、カトリック教会の懐の外で過ごす人のだれもが、おとめである神の母に対する信心それ自体に意味があるわけではなく、まさにその本性上、人々をキリストへと導き、天の永遠の父に、聖霊という愛のきずなによって結びつけるものであるということを、はっきりと理解することができるためにです。

わたしは、熱烈な祈願によって、幸いなるおとめマリアへと魂を集中させます。それは、公会議と聖なる教会のために適切に祈りがささげられ、キリストに従うすべての人が互いに再び結び合わされるという、待望の時が早く来るようにです。他方その間、わたしの目は、果てしなく広がる全世界に向かいます。わたしがいっている全世界とは、この公会議が熱心で愛情に満ちた配慮を寄せている対象であり、わたしの先任者ピオ十二世教皇が、天からの霊感によって、汚れなきおとめマリアのみ心に荘厳な儀式でもって奉献したものです。この至聖なる奉献を特別に今日わたしが思い起こすのは、適切なことであると思います。したがって、このような思いから、わたしはふさわしく選ばれた使節を通して近いうちに、ファティマの聖地に黄金のバラを送ることを決めました。聖地ファティマは、気高いポルトガル国民にきわめて大事にされている——いつも、そして今日とりわけ大切にされています——ばかりでなく、今やすべてのカトリック信者に知られ、敬われています。このような理由から、わたしもまた天の母のご保護に、全人類を守ること、その困難や心配、正しい願いや熱烈な希望をゆだねます。

神の母おとめマリアよ、厳かな教会の母よ、わたしたちは、全教会とこの公会議をあなたに任せます。「司教の助け」という甘美な名で呼ばれるマリアよ、尊い司牧者たちをその使命遂行において守り、彼らに寄り添ってください。同時に、司祭、修道生活の仲間、信徒の身分にある忠実な者にも寄り添ってください。彼らは司教を助け、司牧の任務の困難な部分を支えています。

あなたの御子、神聖なる救い主が十字架上で亡くなられるとき、愛していた弟子にゆだねられた最愛の御母よ、あなたに自分をゆだねる、キリストの民を覚えていてください。

あなたのすべての子どもたちを覚えていてください。彼らの祈りに、あなたの特別な力と権威を、神のみ前で与えてください。彼らの信仰を、健全で堅固なものとして守ってください。彼らの希望を力づけ、彼らの愛を燃やしてください。

貧困、欠乏、危険のうちにある人々、とくに迫害に苦しみ、キリストへの信仰のために牢獄につながれている人々を覚えていてください。これらの人々に、おとめである御母よ、魂の強さを与え、正しい自由が実現する待望の日を早く到来させてください。

慈悲深い眼を、分かたれたわたしたちの兄弟に向けてください。神と人々との一致の、架け橋であり作り手であるキリストを生んだかたよ、わたしたちが再びいつか結ばれることを、あなたが喜んでくださいますように。

汚れなく、まったく影のない、光の神殿であるあなたの独り子、このかたによって今、わたしたちは御父との和解を受け取りました（ローマ5・11参照）。それは、過ちに陥ったわたしたちにあわれみを示し、すべての民族を不和から遠ざけ、兄弟を愛する喜びをわたしたちの心に与えてくださるためでした。

神の母であるおとめよ、あなたの汚れなきみ心に全人類をゆだねます。全人類をイエス・キリスト、唯一まことの救い主を知るよう導いてください。罪に伴う災いを追い払い、真実、正義、自由、愛において成り立つ平和を、全人類にお与えください。

最後に、この大いなる公会議を行いつつ、あわれみの神に荘厳な賛美と感謝の賛歌を、喜びの賛歌をともに歌うことを全教会にお与えください。あなたを通して、力あるかたが偉大なことをなしてくださったのですから。おお、寛容、敬虔、甘美にましますおとめマリアよ。

第四会期開会の演説

パウロ六世

一九六五年九月十四日

尊敬する兄弟の皆さん。

わたしは喜びをもって申し上げます。第二バチカン公会議の第四会期を、主のみ名によって始めます。始めに、わたしたちの全能の父である神に、わたしたちの救い主である御子イエス・キリストを通じ、聖なる教会を養い舵《かじ》取りされる弁護者聖霊において、賛美と感謝をささげます。この聖なる公会議の最終会期を行うに至るまで、わたしたちを豊かに導いてくださったからです。すなわち、最高にして共通な意図に動かされています。まずわたしたちが、献身的で堅固な魂で神のことばにとどまり、心の底からカトリック信仰に一致しつつ、兄弟としてあることです。次いで、わたしたちの宗教、とりわけ神の教会の本質と任務に関する種々の問題について、自由に熱心に研究することです。さらに、一つの心で熱心に、より強い交流のきずなを、依然としてわたしたちから分かれているキリスト者の兄弟たちと結び、真心から世界に向かって、友情と救いの知らせを送ることです。最後に、へりくだった、しかし堅い思いでわたしは期待しています。確かにわたしはふさわしくない者ですが、神のあわれみによって、必要な助けを得られることを期待しているのです。その助けによって、わたしは支えられ、牧者としての使命を、愛をもって熱心にひたすらに果たすことができます。

この公会議は、実に重大な出来事です。そのため、わたしの心はとても喜んでいます。これほどの盛大な儀式によって、目に見える教会の一致を祝う場が与えられているのですから。わたしがいっている一致とは、外面的なものではなく、むしろ内面的な、わたしたちの魂の中にあるもので、それをここで喜んで表明しているのです。わたしたちは相互に知り合い、ともに神に祈り、同時に一つのことにかかわり、互いに語り合い、同意に達しました。わたしたちがいつも熱心に喜んで見守っていることですが、一緒に討議し、一緒に高めている一致は、キリストが使徒たちに残したこのうえなく美しく確かな遺産として、最高の励ましとなるようなものなのです。もう一度いいますが、わたしの心は喜んでいます。キリストの教会の目に見える土台である聖ペトロにささげられたこの大聖堂で、毎年一定の時期に、すでに三つの会期が開かれ、今、その第四会期が開始されようとしています。このきわめて特別な会議を通して、カトリックの位階制は、心からの一致のきずなをことばで表現し、堅固にし、照らし出しています。人類の複雑な多様性と非常に厳しい不和、敵対関係に置かれた人々を見つめる人は、そんな一致が育つ可能性を否定するでしょう。反対にわたしたちは、わたしたちの働きがそんな一致を幸いにも現実化し、神秘的で普遍的なものにするのを目の当たりにします。

そこでわたしは、優れた教会博士であり、わたしの古い先任者である、レオ大教皇の次のことばを思い出します。「祭司職におけるわたしの同僚のこのようなすばらしい集まりを見るとき、これほど多くの聖徒たちの中で、わたしは天使の集まりの中にいるように感じます」(「説教二」、自身の司教叙階記念日の説教 *Sermo II*: PL 54, 143)。

また、わたしたちとともに普遍教会も、わたしたちが普遍教会の牧者であり、普遍教会の立場を担っている以上、喜ぶでしょう。普遍教会は知り、感じています。自らがわたしたちとともに集まり、魂からの同意に全体が満たされ、もし目覚めているならば、燃え上がらずにはいられないであろうということを。

この公会議は、ある重大な出来事です。ですから、会期の繰り返しゆえにこの重大な集まりの新鮮さが失われて、わたしたちの魂がうんざりしてしまい、祝っている出来事に対して注意散漫となり、驚きを失ってしまわないよう促されます。むしろ、この会合が繰り返されることにより、わたしたちがいっそうふさわしい者となり、いっそう敬虔な者となって、この会議の偉大で多様で神秘的な意味を探求するようにと促されます。それゆえ、わたしたちのうちのだれかが、このもっとも重大な時を何もせず見過ごしてしまわないようお願いします。また、この格別な出来事で体験したことを、日々の生活の実践の中に含まれている、普段のことがらと混同しないようにしてください。さらにこれも大事です。このわたしたちの集まりにいるのはわたしたちだけではない、ということを注意深く覚えていましょう。なぜなら、キリストの名によって集まっているなら、わたしたちとともにキリストがおられる(マタイ18・20参照)からです。この地上の人生において、キリストはわたしたちの歩みに、いつもそばにいて同行してくださるのです(マタイ28・20参照)。

公会議のこの最後の時を深く受け止めるとき、担っている職務ゆえに、重大な責任がわたしたちに生じてきます。それは、各自が魂の奥深くで熟慮すべきであり、道徳的で霊的な、特別な認識で受け止めるよう命じています。親愛なる兄弟の皆さん、うんざりすることなく、わたしたちを待ち構えているさまざまな目下の配慮に先だって、次のことを思い起こしましょう。等しく、神の隠れた働きがわたしたちの働きと不思議なしかたで結びつけられていることにわたしたちの魂を傾ける、格好の時であるということです。この結合が恩恵に関していつも実現しているならば、それは特別な理由と方法によって実現しているのです。教会の命運がかかっている場合にはことさらそうであり、ちょうど公会議が開催されているときが、まさにそうなのです。このような状況に関して、聖パウロの次のことばがわたしたちにみごとに当てはまります。「わたしたちは神のために力を合わせて働く者です」（一コリント3・9）。それは、このことばによって、神の効果的な働きにわたしたち自身がつながっていることを主張できるからではありません。むしろ、わたしたちの弱く性急な熱意が、神の働きから強さと報奨を得られるがゆえに、このことばに希望を置いているのです。確かにわたしたちは、この公会議が間もなく終わり、使徒たちの聖なるおそるべきことばを用いることを知らないわけではありません。「聖霊とわたしたちは……よいと考えました」（使徒言行録15・28［バルバロ訳］）。したがってわたしたちは、聖霊の働きがわたしたちと結びつくばかりでなく、わたしたちの働きを内からも刺激し、照らし、強め、聖なるものとしてくださるよう、全力で努めなければなりません。どのような努力をすべきであるかを、わたしたちは等しく知っています。すなわち、黙示録の中で初代教会の牧者たち——彼らは天使たちと呼ばれていました——に、次のような使徒のメッセージが七回告げられています。「耳ある者は、〝霊〟が諸教会に告げることを聞くがよい」（黙示録2・7～3・22）。それゆえ、まず第一に忠告されることは、これからの日々、公会議の最後の集まりにおいて、弁護者の隠れた声に、繰り返し繰り返し耳を傾けることです。そして、聖霊がわたしたちの魂に愛を注ぎ込むままにすることです。その愛は、知恵、すなわち、知識の卓越した理念に沿って判断するための基準に向かうものです。その愛の力によって、この言い表しがたいたまものを与えてくださった神へと人の精神は上り、そして、その人の思考も活動も、愛といつくしみへと移行します。神から出た愛が神へと上る愛に変えられ、人間から神へと立ち帰ることを目指すのです。

特別な愛のこうした発展が、わたしたちの公会議のこの最終会期の特色でなければなりません。わたしたちは、愛の発展をわたしたちの中で完成させるための、大きな力をもっているはずです。それが完成すれば、教会に起こっているこの時が、優れた生の充実によって、高い意義と効果的な力を受け取ることとなるでしょう。愛によってわたしたちは、ここで光の中に置こうとしている真理と、ここで決定しようとしている諸提案へと駆り立てられ、向き合わなければなりません。この公会議――それ自体、気高く愛情深い司牧の権威の道具ですが――で告げられた真理や提案は、もちろん愛のしるしに他なりません。それゆえこの真理に従うために、伝えられるべき教えについても、布告されるべき規則についても、愛がわたしたちを導きます。聖アウグスティヌスの明確なことばを思い起こしましょう。「完全に愛するとき、初めて完全に知ることができます」(『八十三問題集』*De diversis quaest.* 83: PL 40, 24)。

わたしたちの公会議に、愛の行いのしるしを刻印することは困難ではないと思います。実際、力強い愛の行為は三とおりです。神に対して、教会に対して、人類に対してです。

1　尊敬する兄弟の皆さん、まず始めにわたしたち自身を見つめてみましょう。公会議の招集以来、わたしたちは魂の緊張、霊的葛藤としか呼びようのない状態にあったのではないでしょうか。公会議の招集は、無気力な日々の生活からわたしたちを連れ出し、神からの呼びかけと自分の務めに関する十分な自覚をわたしたちのうちに引き起こし、わたしたちのうちに隠れている力を刺激し、わたしたちの精神を、神の教会に固有な預言者の霊によって燃え上がらせました。また公会議の招集がわたしたちを動かし、ある必然性と義務を感じるようになります。すなわち、わたしたちの信仰を公然と告白し、神を賛美し、キリストにまったく一致し、この世において啓示とあがないの神秘を告げ知らせる、必要性と義務を感じるのです。これらすべては、愛から生じるのではないでしょうか。疑いの雲と宗教に関する無知の闇に覆われた今日の世界を吟味する拠点となる、この、いわゆる招かれた者の演壇において、わたしたちはあたかも神の光の領域へと上ってゆきます。この霊的な高みを得たわたしたち自身は、生活している周囲の人々の仲間であり兄弟ですが、地上から、つまり紛糾し、破滅にさらされている地上的なことがらからは浮かび出て、明るく温かい、生命の太陽を見きわめているように見えます。「いのちは人間を照らす光であった」（ヨハネ1・4）と書かれているとおりです。さらにわたしたちは、父なる神に、謙虚に、子として、喜びをもって、霊と真理において語りかけているように見えます。父なる神に、歌うことによって、泣くことによって、その大いなる栄光のゆえに賛美をささげているように見えます。神の栄光は、世界についての理解の進展によって、今日ますます明らかです。み名とみ国とみ旨をわたしたちに啓示してくださったことに対しての、わたしたちの幸せを示しているように見えます。それからさらに、世界を揺るがす苦痛、わたしたちの惨めさや過ち——いわば蛇のような——の、重大な困難やひどさを明らかにしているように見えます。しかしここで、他の場合以上に、わたしたちは強い者であると感じています。なぜなら、ある確信をわたしたちはもっており、それがわたしたちの魂を特別な力でたたくからです。すなわち、霊の擁護者であり、人類の運命の保護者であり、真の希望の告知者であるようにと警告するのです。これが愛ではないでしょうか。この愛について、聖書は優れた明確なことばでこう述べています。「わたしたちは、わたしたちに対する神の愛を知り、また信じています」（一ヨハネ4・16）。

事実、現代世界の変化の中に挿入されたこの公会議は、人間が考え出したのではなく神によって啓示された最高の宗教が、卓越した、明確な、人間的な観点から肯定された出来事です。これは、本性を引き上げる、愛に満ちた必然性の中に置かれています。この愛は、言い表しがたい御父が、御子であり、わたしたちの兄弟であるキリストを通じて、生命を与える聖霊において、人類とともに立てました。

2　さて、公会議に固有なわたしたちの愛の、別の観点に移りましょう。もちろんこれについて語ることは、わたしたちだけのことではないと思います。わたしたちは一つの民です。すなわち、神の民です。わたしたちはカトリック教会を構成しています。わたしたちは、特別な社会、目に見えるものであると同時に霊的である社会を構成しています。公会議は、明らかにわたしたちに教えています。わたしたちの教会は、信仰の唯一性と愛の普遍性に依拠しているということを。完全でより上位の社会的きずなに関して述べるとすれば、すなわち、解決できそうにないと思われる、人類の歴史におけるもっとも重大な問題について述べるとすれば、今の時代にあっては非常に深刻な事件として認められる、あの永遠のバビロンの出来事について考えれば十分です。同じきずなが、原理としてはわたしたちに対して解決済みです。もちろん実際には、実現に向けて「潜在的なもの」でしかありませんが。とはいえ、わたしたちがもっているその解決を、無にはできないことを知っています。その解決とは、わたしたちを互いに結び合わせ、わたしたちをそこへと励ます交流です。なぜならそれは、ある個人や社会の無理な服従という点に基づいているのではなく、変わることのない宗教的な原理に基づいているからです。すなわち、人々の功績やわたしたちの利益のためではなく、神への愛ゆえにわたしたちが愛している人々に対する愛に基づいているのです。教会創立の始めに「一つの心、一つのいのち」（使徒言行録４・32）＊であったとき以来、この公会議のときほど、教会が肯定し、生き、喜ぶことによって、キリストが教会にゆだねた神秘的一致が完全に成就するように望み、祈り、願ったことは決してありませんでした。すべての人が神の家族および神殿、つまりキリストの神秘体となるための一致を、いわば経験によって認識する必要がありました。というのも、このわたしたちの時代の物事が混乱して動き、別の動乱が次代に予見され、希望を失った人々の間に引き続き不和が引き起こされるのが認められますが、しかし反対に、人々は連帯と結合へと向かって、不可逆的に進歩しているからです。わたしたちは集まり、わたしたちが兄弟であることを感じ、平和の接吻を互いに交わし、簡単にいえば、キリストがわたしたちを愛したように、互いに愛し合うことが必要だったのです。

相互の愛がすでにここで明らかにされましたし、明らかにされていくでしょう。この点で、現在と未来の歴史において、この公会議が独特の特徴を示すことになるでしょう。実際、この応答から、教会の生きた働きにとって重大で危険な時期に関して教会を描き出そうとする人は、「そんな時代に、カトリック教会は何をしたのか」という問いの答えを得るでしょう。すなわち、教会は愛したと答えられるでしょう。司牧者としての魂によって愛していました。皆さんご存じのとおり、この愛の深さと豊かさとを見通すことは困難ですが、キリストは、後悔と熱意に動かされたシモン・ペトロに、「ヨハネの子シモン、この人たち以上にわたしを愛しているか」といわれた。ペトロが、「はい、主よ、わたしがあなたを愛していることは、あなたがご存じです」というと、イエスは、「わたしの小羊を飼いなさい」といわれた」（ヨハネ21・15）。そうです。主の群れを飼うようにという、キリストの愛から流れ出したこの命令は、依然として効力を保ち、この使徒座が存続する根拠であり、同様に、尊敬する兄弟の皆さんにもかかわっており、皆さんの司教座の根拠でもあるのです。そして、今日その命令を、わたしたちは新たな自覚と力を伴って確認しています。この公会議は、教会が愛に依拠し、愛によって統治されている社会であることを断言いたします。

この公会議が行われていたとき、教会は愛していた、宣教の心をもって愛していたといわれることでしょう。だれの目にも明らかなことですが、この聖なる教会会議は、カトリック教会の善良なる子ら一人ひとりに使徒となることを命じ、すべての人種、あらゆる民族、すべての市民階級に、使徒的熱意をもたらしました。ここで荘厳に宣言されているのは——わたしたちはそれがあらゆる時代になされることを望んでいますが——愛の普遍性です。この愛は、その普遍性に反対する人々の力を超え、また、あからさまに他者に対して自分を強い人の模範として認めさせようとする人々の力を超えます。

確かに第二バチカン公会議が行われているときの教会は、教会全体を配慮する魂で愛していました。その魂は謙虚に広く、すべての兄弟たちに開かれていました。その中には、このわたしたちの教会、つまり、一、聖、公、使徒継承の教会と、まだ完全な交わりによって結ばれていないキリスト者たちも含まれています。

そして、この公会議の論じ方に魂を動かす頻繁なしるしがあるとすれば、それは疑いなく、全キリスト者の一致を再建するという重大な問題とかかわっています。その一致をキリストは望んでいますが、そこにはさまざまな困難がある一方、輝く希望もあります。尊敬する兄弟の皆さん、および尊敬するオブザーバーの皆さん、これこそ、愛のしるしではないでしょうか。

3　この普遍的な教会会議は、その全体がキリストとその教会の名のもとに展開し、それゆえ確かな可能性と確かな目的が定められています。ですから、もし無数の他の人々の利益を排除し、無視し、軽んじるなら、すべてを達成したとはいえません。その人々とは、わたしたちが何の功績もなしに享受している善が与えられないでいる人々、つまり、この至福なる神の国すなわち教会に、集ってはいない人々です。

そうであってはなりません。実際、わたしたちの交わりを強める愛が、わたしたちを人々から引き離すことはありませんし、わたしたちを他の人々とは異質な者とし、自分たちに好意的な者にだけ奉仕することになってはなりません。むしろ愛は、神から来るものとして、普遍性を探求するようわたしたちに教えます。わたしたちの真実が、わたしたちを愛へと押し出します。使徒の励ましを思い出してください。「愛において真理をなす」（エフェソ4・15）。他方、この集まりにおいて、今告げ知らされている同じ愛のおきてが、聖なる重い概念を担います。すなわち、引き受けた任務という意味を帯びるのです。聖パウロはこのことを示すために、「駆り立てる」ということばを用いています。「キリストの愛がわたしたちを駆り立てている」（二コリント5・14）。このようなしかたで、人類全体に対してわたしたちは義務を負っていると感じています。わたしたちは、すべての人に対して負い目をもっています（ローマ1・14参照）。教会は、この世にあって、単に自分自身が目的なのではなく、全人類に対して奉仕します。キリストを全世界の個人と諸民族に、広く、燃える心をもって現前させなければなりません。それが教会の務めです。教会は愛の使者であり、教会は真の平和の保護者です。これは繰り返し語られたキリストのことばです。「わたしが来たのは、地上に火を投ずるためである」（ルカ12・49）。このことさえも知られること、このことを公然と発表することが教会の仕事でした。その格好の機会であることを公会議は示しました。

ここに、この世の救いの歴史の流れ、すなわち神の愛の地上における継承が終わりに向かっていることを忘れてしまってもよいのでしょうか。この公会議の力によって、教会が、教会自身について、「世を愛された」（ヨハネ3・16）神の隠された計画について、あるいは自らの任務の本性について、より十分に、より完全に自覚するということから、わたしたちは逃れられるのでしょうか。その任務とは、人々のつながりを新たに生き生きと与えるための、実り豊かな生命力に満ちた芽として、存続し続けることです。

そのうえ公会議は、教会と、とりわけわたしたちに、全世界への視野を提供してくれます。この世界を見守り、愛する（マルコ10・21参照）以外に、何を教会はできるでしょうか。それ以外、わたしたちに何ができるでしょうか。それゆえ、このように世界を見守ることに、これから始まるこの会期は強力に取り組みます。そして、何よりも愛が育ってゆくでしょう。ここでわたしがいっている愛は、今あるところで、今あるとおりに、今日存在している人々、つまり、全世界の人々に対するものです。

確かに人々は異なる考えをもち、異なった振る舞いをしています。権力、財力、学識、派閥闘争、私的利益などといった人間の文明の発展のために、きわめて異なる原理を確立します。しかし教会は、愛の必要性を告知します。事実、公会議は、人類社会に対する愛の公的で荘厳な表明です。それが実現するよう、キリストがわたしたちのそばにいてくださいますように。

ここでわたしの念頭に、ある考えが襲ってきます。それは、個人や地上の諸民族を迎え入れるわたしたちの、人間的でキリスト教的な好意の甘美で強力な流出と、ほとんど合致しないのではないかと思われる考えです。実際、厳しい現実からいつもわたしたちが直面するのは、愛でさえも、否むしろ、もしかすると愛こそが、ともに歩みながらも、無視や反感、軽蔑、敵対を生むということです。また実際、どれほど痛ましい出来事であろうと、どれほど悲惨な事件であろうと、キリストの犠牲に匹敵するものはありません。事実、ご自身の愛と敵の憎しみが、十字架刑をお受けになられる原因だったのです。しばしば愛する技術は、耐える技術に転化します。

こうした事情は、教会にとってもまったく異なりません。それとも教会は、その愛に対する罠《わな》や障害があるために、愛する熱意を失ってしまうのでしょうか。

もう一度、聖パウロのことばに耳を傾けましょう。そして、キリストの愛からわたしたちを引き離すことができましょう」（ローマ8・35）。「だれが、キリストの愛からわたしたちを引き離すものは何もないし、あってはならないことを忠告するために、使徒が挑むかのように数え上げた数々の苦難を思い起こしましょう。しかし、すでにこの公会議は、最初の使徒たちのように、たとえイエスの名のために侮辱を耐えるべきであるとしても、喜びを味わうことができるようにと、神に敬虔に求めています（使徒言行録4・41参照）。実際、依然として深刻でひどい侮辱が、この平和な公会議に加えられています。尊敬する兄弟の皆さん、あなたがたとともに、ここに出席していなければならないはずの人々のうち少なからざる人が、招集したわたしの求めに応じることを不正に禁じられているのです。事実このことは、今もなお深刻でひどい迫害が盛んに行われていることを明らかに示しています。この迫害によって、少なからざる国でカトリック教会が圧迫され、意図的に壊滅され根絶させられようとしています。このことを思い起こすとき、わたしの魂に悲しみがあふれます。そしてその痛みゆえに、依然としてこの世界が、実に遠く、真実、正義、自由、愛から、そしてわたしの前任者ヨハネ二十三世のことばを使うならば、平和から離れていることに気づきます（ヨハネ二十三世回勅『パーチェム・イン・テリス（一九六三年四月十一日）』AAS 55 [1963], p. 303 参照）。

しかしわたしは、この公会議がたどっている道と理念に忠実に従いたいので、愛の二重の現れに対して答えましょう。そのうちの一つは、苦難の中にあるわたしの兄弟たちに対するものです。願わくは神の使いが、わたしが彼らにあいさつし、わたしの精神と思慮をいつも彼らに向け、熱烈な愛で彼らを求めていることを、彼らに告げ知らせてくださいますように。わたしの兄弟たちが自らの慰めとして、自分のしていることが教会の栄光となることを、はっきり得心できますように。したがって彼らの行いが、教会と一つになる愛の交流を、嘆きによって消すことなく、反対に希望によって強める、そうしたものとなりますように。

それに対して、愛のもう一つの現れは、キリストとその教会に反対している人々、つまり神に仕える人々を恐れと迫害によって無力にする人々にかかわることを意味しています。すなわち、彼らに対してわたしは、神聖な教師がわたしたちに命じた、上からの謙虚な愛の基準、「敵を愛し、自分を迫害する者のために祈りなさい」（マタイ5・44）に沿って振る舞います。それゆえこの公会議は、はっきりと、そしてしっかりと正しい教えを守ることでしょう。しかるに、先入観による見解によって宗教に対抗するよう動かされ、正しくない命題によって教会に反対するよう駆り立てられた人々に関するかぎり、彼らに対してわたしはいいます。公会議は、ある人々を断罪するよりは、むしろ善性と平和の感覚を証明することを切望し、彼らのために神に祈ります。実に尊敬する兄弟の皆さん、わたしたち皆で、愛をもって神に祈りましょう。わたしたちのために懇願するあわれみを、彼らにも寛大に与えてくださらんことを。ひたすら愛が、すべての人に勝利をもたらしますように。

さらに、人々の間でも平和が勝利しますように。わたしがいっている平和は、まさにこの数日、いわば傷つけられ、血まみれになっています。これは、平和が甚だしく欠如している地域の人々の、激しい戦闘によるものです。このうえなく熱烈な願望として、実にこの瞬間も、黙していることができません。戦争が終結し、敬意と協調という相互の務めが人々の間で大いに回復し、最終的にいつまでも平和が勝利しますように。

これでわたしの演説を終えることにします。この演説でわたしが意図したのは、公会議のこの最後の会期の意義がいっそう明瞭となり、その諸提言が新たな活力によって固められることです。お気づきのとおり、わたしは、この会議で審議され決定される議題については何も触れませんでした。もちろん、意味もなく沈黙していたわけではありません。むしろ、与えられた任務を無視してはいなかったと、はっきり申し上げましょう。すなわち、わたしのことばが皆さんの自由な意見の表明を遮らないようにするためだったのです。

とはいえ、まったく黙して済ませるわけにもいきません。

まず第一に、わたしの思いと感謝の念を、委員会と小委員会で労してくださった、すべての人に表明したいと思います。このかたがたの骨折りは飛び抜けてすばらしいもので、最近吟味された議案を、より適切な文書へと起草してくださいました。この議案に関して皆さんがどのような判断を下そうとも、その作業過程におけるすべてが、多大なる研究、時間、労力を伴い、称賛と感謝に値するものです。

次に、わたしはあなたがたに、世界代表司教会議がこの公会議の願望に従って間もなく設けられると、すでに予告したことを喜んでいます。実際、その大部分は、わたしの承認を得て、さまざまな国の司教協議会から指名された司教によって構成されます。そしてそれをローマ教皇は、教会の必要のために招集します。すなわち、教会の共通善と共益のために、教会自身にとって適切であると思われたときにはいつでも、聖なる司牧者たちの助言と協力によって助けてもらうためです。いうまでもないことかもしれませんが、聖なる司教たちのこのような助けとなる協力は、大抵は聖座と普遍教会の善になるはずですし、独特なしかたでローマ教皇庁の日常業務に役立つはずです。このローマ教皇庁に、わたしは大いに感謝しなければなりません。というのも、わたしの大事な助けとなっているからです。司教たちの各自の教区におけるように、使徒的配慮のために、わたしはつねに助けを必要としているのです。この世界代表司教会議に関する通知や規則は、できるだけ早くこの公会議の中でお知らせします。わたしは、このことをあなたがたと簡潔に分かち合う誉れと喜びを欠いてしまうことを望んでいません。それは、わたし自身もう一度あなたがたに、わたしたちの信頼と結びつきを表明しているからです。この新しい制度、実にすばらしく希望に満ちた制度を、いとも幸いなるおとめマリアのご保護にゆだねます。

最後に皆さんにお伝えしたいことは、すでにご存じのとおりです。すなわち、国際連合という、あらゆる民族からなる会議の設立二十周年にあたり、ニューヨークの国連本部を訪問してはどうかという招待を受諾した件です。この旅路を、神が望むならば、この公会議の会期中、短期間で歩むつもりです。それは、国連に一つに集まる諸国の代表者に、わたしの忠実のあかしと平和のメッセージを届けるためです。わたしのこの平和のメッセージに、あらゆる民からなる皆さんの同意が得られることを、はっきりと確信しています。実際、わたしの意向は、わたしの声が皆さんの声と一致することに他なりません。その声は、わたしたち同様、皆さんにキリストからゆだねられた使徒としての任務の声として、調和と正義と兄弟愛、そして神に愛され善意を備えた人々の間における平和を、いつも告げ知らせ、祈っています。

終わりに、等しい敬意をもって皆さん一人ひとりに、キリストにあって心からのあいさつを述べたいと思います。皆さんは、東から西からやってきてこの公会議に参加してくださった、わたしの兄弟です。

外交団に属する優秀なかたがたに、忠実と善意の特別な思いを申し上げます。同様に、すべてのオブザーバーのかたがたに、感謝の心でごあいさつ申し上げます。彼らがこの場に出席しご理解してくださることは、わたしにとって喜びであり名誉です。彼らが、わたしの誠実な気持ちを知ってくださることを望んでいます。最後に、親愛なる傍聴者の皆さん、神学顧問、そのほかこの公会議開催にあたって助けてくださり、お骨折りくださったすべてのかたがた、とくに、新聞であれ、ラジオやテレビであれ、情報を伝えてくださるかたがたに、ごあいさつ申し上げます。終わりに、使徒的祝福をすべての人に送ります。

国連総会への文書メッセージ

パウロ六世

一九六五年十月四日

平和の福音の使者としてわたしは、この偉大な国際連合総会に参加するために大西洋を渡りました。確かにわたしは、第三者を通して別のしかたで、この総会のメンバーである皆さんに話しかけ、自分の思いを伝えることはできました。しかしながら、皆さんを訪問し、面と向かって皆さんと対話したいと思いました。わたしが心の中にどんな評価を抱いているのか、実際にお示ししたいと思っていたからです。わたしはいつもその評価によって、皆さんと皆さんが懸命に取り組んでおられる仕事に賛辞を送っているのです。

まさに、皆さんは平和の会議を設立しました。それは、平等な投票権によってそれぞれの代表者をもつ諸民族の間で、平和の同意、安全、相互協力をはぐくみ、脅迫や繰り返される暴力や戦争の危険に対して身を守るためです。人類の公の善に配慮するには、皆さんが選んだもの以外の概念や道はありえません。すなわち、法と正しい自由と人格の尊厳を守り、戦争という罪深い狂気と強者の有害な狂乱を取り除くことです。皆さんが建設した建物の構造や形はさらによいものにできますし、恐ろしい破滅がないかぎり、消し去られることはありません。

「平和の善は非常に偉大なものです。地上の死すべきことがらのうちにさえも、これほどわたしたちの耳にいつも好ましく響くものは何もなく、これ以上に熱望して求められるものは何もなく、これ以上によいものは何も見いだされません」（聖アウグスティヌス『神の国』*De Civitate dei*, XIX, 11）。

決して十分に大切にされてはいない、この人類のきずなというもの、ずっと愛し求められなければならない、このもっとも健全な公益というものを、皆さんは熱心に、勤勉に、忍耐強く追求しています。しかしわたしは、皆さんの道が険しく困難なものを通って、高い頂に至ることを知らないわけではありません。これらすべての努力のゆえに、わたしは、関心と賛同と励ましをそこに寄せるのです。

ローマで同時に開催されている第二バチカン公会議の教父たちの名前によっても、わたしは平和のメッセージ、祝福と慰めのことばを述べます。ご承知おきください。カトリック教会は、正義とともに平和を求めている皆さんと熱意を共有し、霊的な助けによって、熱心な願いをもってそばにおり、しっかりと祈ります。カトリック教会にとって心の中にあるのは、兄弟愛の炎を人々の魂の中に点火し、関連する働きを進めることだけです。

平和の神が、皆さんと、骨折ることですばらしい奮闘を示しておられるその気高いお働きとに、いつも慈悲深くあられますように。

教皇在位第三年、一九六五年十月四日

（注）一九六五年十月一日、第百四十回総会で事務総長がこのメッセージを朗読した。

国連での演説

パウロ六世

一九六五年十月四日

世界に類を見ないこの聴衆を前にしてお話しするにあたって、まず、ウ・タント事務総長に深い感謝の念を表明したいと思います。全世界の諸国民間の平和と協力のために設立された国際連合創立二十周年という機会に、ウ・タント事務総長はわたしの訪問を望んでくださいました。

また、アミントレ・ファンファーニ議長にも感謝いたします。氏は議長に選出されたその日以来、終始わたしに対して、心温まることばをかけてくださいました。

また、ここに列席しておられる皆さんにも、このような盛大な歓迎をしてくださったことに感謝いたします。皆さん一人ひとりに、敬意を込めた、心からのあいさつを送ります。皆さんの友情のおかげで、わたしはこの集まりに招かれ、参加することができました。わたしは今皆さんに対して、友としてここに立っています。

また、さらにわたしの立場から、今ローマで招集されている第二バチカン公会議のことを皆さんにお伝えします。わたしに随行してきました枢機卿たちは、その公会議の優れた代表者です。

わたしの名同様、この枢機卿たちの名において、皆さんに敬意とごあいさつを申し上げます。

出会いの単純さと重大さ

このたびのわたしの国連訪問は、皆さんもお気づきのとおり、単純さと重大さという二重の性格を帯びています。単純さとは、まず皆さんに話すこのわたしが、皆さんと同じような人間で、兄弟だということです。さらに、主権国家を代表する皆さんの中にあって、わたしはもっとも小さい者です。わたしがもっている主権は、非常に弱い、いわゆる象徴にすぎません。それは、わたしの霊的使命を果たし、わたしと接する人々に、わたしがこの地上におけるあらゆる権力から独立していることを確信させるのに必要な最小限のものです。わたしはこの世の権力を全然もっていませんし、皆さんと競い合う野心もまったくありません。事実、わたしは何かを要求し、何かの問題を提起しようというのではありません。ただ一つの希望を述べ、一つの許可を得たいと思うだけです。それは、わたしに許されている権限内において、無私と謙虚と愛をもって、皆さんに奉仕したいということです。

これが、わたしのなすべき第一の宣言です。ご覧のとおり、この望みはあまりにも単純なものであって、非常に重大な問題、困難な問題といつも取り組んでいるこの国連にとっては、取るに足りないものでしょう。

しかし、お話ししているように、そして皆さんも感じておられるように、この瞬間は比類なく重大なものです。それは、わたしにとっても重大な瞬間であり、皆さんにとっても重大な瞬間です。

まずわたしにとってです。皆さんは、わたしがだれであるかをよく知っておられます。ローマ教皇についてどのような意見をおもちであっても、皆さんはわたしの使命をご存じです。わたしは、全人類にメッセージを伝える者です。わたしは、わたし自身の名において、あるいはまた、カトリック教会という大家族の名においてばかりではなく、ここでわたしが表明する心情を共有するキリスト者の同胞たちの名においても語ります。とりわけ寛容にも、自分たちの代弁者として、わたしをはっきりと指名してくださったかたがたの名においても語るのです。これは、長い旅路の果てに、自分にゆだねられた手紙を手渡す伝達者のことばです。それゆえわたしたちは、特別な瞬間を生きていることに気づいています。どれほど短い時間であっても、わたしたちの心の中に生まれ、約二千年の間、宿してきた願いがなし遂げられる瞬間なのです。そうです。思い起こしてください。わたしたちは長い間、同じ途上にありましたし、ともに長い歴史をもっています。ここでわたしたちは、全世界と語り合う機会を求めて、困難に満ちた巡礼の結びの部分を祝っています。それは「行きなさい。福音をすべての国々に告げなさい」と命令された日から始まりました。皆さんは、あらゆる国を代表するかたがたです。

どうぞ、わたしに話すことをお許しください。わたしは、一つのメッセージをもっています。それも、喜びのメッセージです。これは、皆さん一人ひとりに手渡すものです。

国連の承認

1　わたしのメッセージの意図は第一に、この偉大な国連機構を道徳的な観点から厳粛に承認することです。この承認は、わたしたちの歴史的経験から生まれたものです。「人類についての専門家」としてわたしは、この国連に、わたしの最近の先任者たちの賛意、そして、カトリックの司教たちとわたし自身の賛意を伝えます。わたしはこの国連が、現代文明と世界平和の歩むべき道を代表していると確信しています。

これを語るときわたしの声は、生きている人の声と同様に、死者の声にもなっていると感じます。死者とは、過去の恐ろしい戦争で亡くなった人々のことです。彼らは、平和と調和の世界を夢見ていました。戦争で生き残った人々は心の中で、戦争を繰り返そうとする人々を、事が起きる前から非難しています。生きている人々は他にもいます。現代の若い世代は、信頼をもって前進し、正当によりよい人類を目指しています。わたしはまた、貧しい人々、権利を奪われた人々、不幸な人々、正義、いのちの尊厳、自由、繁栄、進歩を熱望する人々の声をも語ります。人々は、調和と平和のあたかも最後の希望であるかのように、国連に向き合っています。わたしは、こうした人々の敬意と希望のしるしを、わたし自身のそれとともに、ここに携えてきたのです。それゆえ、皆さんにとっても、この瞬間は重大なものなのです。

新興国の加盟を

2　皆さんがこのことに、十分気づいておられるとわたしは知っています。どうぞ、引き続きわたしのメッセージをお聞きください。それは、すべて未来に向かっています。皆さんが築かれた国連の機構が破壊されるようなことは、決してあってはなりません。それは完成され、世界の歴史が求めている要求に寄与しなければなりません。皆さんは、人類発展の一段階を画したのです。後戻りは不可能です。前進しなければならないのです。

もはや互いに無視できない多くの国家に、きわめて単純で実り豊かな共存の一形式を皆さんは提示しています。第一に、皆さんは諸国家を認め、それぞれをそれぞれのものとして認識しています。確かに皆さんは、諸国家を存在させるわけではありませんが、各国を、諸国民からなる整然とした集まりに座を占めるにふさわしいものとして承認するのです。皆さんは、高い道徳的かつ法的価値を、主権をもった各民族共同体に承認し、名誉あるグローバル市民権を保障するのです。これは、それ自体偉大な奉仕です。そのおかげで人類は、世界共同体を構成する主体となる国々を明確に規定し、それらに名誉を与えることができます。そしてそれらの国々を、すべての国の承認と尊敬を勝ち取る法的地位に置くことができます。しかもその法的地位は、国際社会における共生の整然とした安定的なシステムに、基礎として役立つものなのです。皆さんは、偉大な原則を承認しております。すなわち、国々の関係は理念、つまり正義や権利、交渉によって調整されるべきものであり、力、つまり暴力や戦争によるものであってはなりませんし、もちろん恐怖や欺瞞《ぎまん》によるものであってもなりません。

これは、事実そうでなければならないことです。さらに皆さんの英知に祝意を送らせてください。というのも皆さんは、若い国々、すなわち、つい最近に民族の独立と自由を獲得した諸国家に対して、この集まりに近づく道を切り開いてくださったからです。このような加盟国が現にここにあることこそ、国連機構の原則に息を吹き込む普遍性と寛大さのあかしです。

これは、事実そうでなければならないことです。それをわたしは称賛し、希望します。皆さんもご承知のとおり、わたしたちはこのための礎《いしずえ》を外部に求めることはありません。わたしたちは内側から、つまりこの機構の特性自体から引き出すのです。

他国との提携

3　皆さんの国連憲章は、かなり進歩的です。わたしのメッセージもそれに同調するものです。皆さんは現に存在し、国々をまとめ、諸国家をつなぐために働いています。次の原則を用いたいと思います。相互共存です。皆さんは一つのつながり、諸国民の架け橋、諸国家を結ぶネットワークです。ある意味で国連の特色は、この地上の秩序において、わたしたちのカトリック教会が霊的秩序において目指していることを反映しているといいたいほどです。すなわちその特色とは、唯一であること、そして普遍的であることです。人類の理想的な仕組みに関するかぎり、自然本性的な領域で、これ以上に崇高なものを考えることはできません。皆さんの使命は、ある特定の諸国民だけではなく、あらゆる国民をともに兄弟とすることです。困難な課題ではないでしょうか。疑いなく困難です。しかしこれが、皆さんの気高い課題そのものの本性なのです。だれが見逃しうるでしょうか。このように次第に完成へと向かう、世界の権威の必要性と重要性とを。この権威は、法的領域や政治的領域で効果的な活動をなしうるために、必要であり重要なのです。

もう一度、わたしの願いを繰り返します。「前進してください」。さらにいいます。次のように活動してください。皆さんから離れている人々を、皆さんの真ん中に引き戻すように活動してください。そして、まだ属していない人々が、尊敬と忠実をもって、皆さんの兄弟となる協定に加わる方法を探してください。依然として加盟していない人々が、皆さんからの信頼の獲得を願い、それにふさわしいものとなるように、そして彼らに寛大に信頼を示すように活動してください。一種の平和的な共同体であるこの集まりに参加する格好の機会と名誉を得た皆さん、聞いてください。皆さんを一つにし、偉大ですばらしいことを行わせてくれるこの相互信頼と信用が、決して汚されたり裏切られたりしないよう活動してください。

一国の上に他国なし

4　国連組織に関するこの願いは、論理的にまた別の原則を要請します。すなわち、この組織のどの成員も、他の成員よりも上位になることがないようにということ、つまり、だれしも他に勝らないということです。これは平等の原則です。もちろんわたしは、皆さんの組織に、単にその成員であることとは別に、配慮されなければならない別の諸要素があることを知っています。しかし平等性は、この機構の一部でもあります。皆さんが皆等しいということではなく、ここでは自分たちを等しくするということです。そして、もっともなことですが、多くの国にとってこのことは、大きな徳を伴った行為を要求します。こう語ることをお許しください。神聖な創設者の謙虚さを通して、救いのわざを行う宗教の代表者として語るのです。謙虚な人でなければ、兄弟であることは不可能です。というのも、まさに傲慢こそが、不可避と見えるほどに、威信や支配、植民地主義、利己主義をめぐる緊張と争いを引き起こすのです。まさに傲慢が兄弟性を打ち砕くのです。

抗争・対立の排斥

5　ここで、わたしのメッセージは頂点に近づいています。まず、否定的に語りましょう。それは、皆さんがわたしに期待していることば、その重大さや厳粛さを意識しないでは語ることができないことばです。すなわち、二度と一国は他国に敵対してはならないということです。決して、決して、繰り返してはなりません。まさに国際連合誕生の目的は、戦争に反対し、平和を目指すことだったのではないでしょうか。もはやこの世にはいない偉大な人物、ジョン・ケネディの明快なことばに耳を傾けましょう。彼は四年前、こう叫びました。「人類は戦争を終わらせなければなりません。そうでなければ、戦争が人類を終わらせるでしょう」。もはや長々と、皆さんの機構の主目的について語る必要はありません。次の事実を思い起こすだけで十分です。数百万人の血、聞き届けられることのなかった無数の苦しみの叫び、無意味な大虐殺、恐ろしい廃墟が、皆さんを一つにまとめる条約を批准させ、これからの世界の歴史を変革すべきであるという誓約を立てさせるに至ったのです。決して戦争を繰り返してはなりません。決して戦争を繰り返してはなりません。平和、平和こそが、全人類からなる国々の運命を導かなければなりません。

皆さんに感謝します。皆さんに栄光がありますように。皆さんは二十年間平和のために働いてこられ、この聖なる理想に、輝かしい犠牲を払ってこられました。皆さんが防いだ紛争と解決した問題のゆえに感謝します。皆さんに栄光がありますように。平和のために皆さんが払った努力のここ数日の成果は、たとえまだ決定的なものではないとしても、全世界のスポークスマンとして、あえて祝辞と感謝とを全世界の名において表明するに値します。

平和の確立

皆さん、皆さんは偉大な仕事をなし遂げましたし、今もなし遂げつつあります。皆さんは、人々に平和を教えています。国連は、この教育が受けられるすばらしい学校です。そしてわたしたちは、今この学校の集会場にいます。ここに自分の場所を得る者はだれでも、平和を築く技術の生徒であり先生となります。そしてこの部屋の外に出れば、世界は皆さんを平和の建築家、建設者とみなします。

ご承知のとおり、平和は政治の方法とか、力や利害の均衡だけによって打ち立てられるものではありません。平和は平和の精神、理念、事業とともに建てられます。皆さんはこの偉大な事業に従事しているのです。しかしまだ、その作業は端緒にすぎません。世界は、今まで歴史の大部分を紡いできた、利己的で好戦的なメンタリティを変えることができるでしょうか。未来を見通すことは困難です。しかし、言明すべきことは単純です。世界は断固として、新しい歴史、平和な歴史への道に立つべきであるということです。その歴史は、真に十分に人間的なもので、神が善意の人々に約束するものです。その道は、皆さんの前に開かれています。その第一は、軍備の撤廃です。

もし、皆さんが兄弟であることを望むならば、武器をその手から捨てましょう。人を攻撃する武器を手にもちながら、人を愛することはできません。武器、とりわけ現代の科学がもたらした恐ろしい武器は、悪い望みを生み、悪い感情を養い、悪夢、敵意、暗い解決をもたらし、結局のところ、あらゆる犠牲と廃墟を生じさせます。またその武器のために、莫大な資金が必要です。そうした武器は、連帯と有益な事業の計画を分断します。それらは、国々の態度をひずませます。人間がしばしば自分自身に対して見せるように、弱く、変わりやすく、よこしまな存在でもあるかぎり、防衛のための武器が——なんとも不幸なことですが——必要となります。しかし、皆さんの勇気と善良な資質が、武器に訴えることなしに国際社会の活動の安全を保障しうる手段の研究へと促します。

これは、皆さんの努力に値する目的であり、諸国民が皆さんに期待していることです。これこそ、皆さんの達成すべきことです。もしそれがなされるならば、この国連の制度へのすべての人の信頼は増し、その権威も増すに違いありません。こうして、その目的は達成されるでしょう。わたしたちは、それを希望しましょう。皆さんは、世界の諸国民からの感謝を勝ち取るでしょう。諸国民は軍備の経費の重荷を軽減され、つねに内在する戦争の悪夢から解放されるからです。昨年十二月に、ボンベイ（ムンバイ）からわたしが全世界の人に訴えかけた平和のための提案に、多くの人が好意を示してくださったことをよく知っていますし、それに大きな喜びを感じています。それは、軍備を縮小することによって削減される経費の少なくとも一部を、開発途上にある国々に支給するという提案でした。わたしは今、この提案を繰り返したいと思います。皆さんの人道的で寛大な良識を目の当たりにし、わたしの気持ちは強い確信を得ているからです。

諸国民の兄弟的扶助

6　人道性や寛大さについて語ったことによって、国連の別の構成原則がこだましてきます。これがその積極的頂点です。すなわち、皆さんがこの国連で働くのは、諸国家間の紛争をなくすためばかりでなく、諸国家が互いのために働くことができるようにするためであるということです。皆さんは、諸国間の共存を促進することでは満足しておられません。もっと大きな一歩を踏み出そうとしておられます。それは、称賛と支持に値するとわたしは思っています。つまり、皆さんは、諸国間の兄弟的な協働を組織化しようとしておられます。皆さんがここで確立しようとしておられる連帯のシステムのおかげで、文明化という高い目標のための多くの秩序ある支援が、諸国よりなる全家族から得られることは確かでしょう。というのも、互いと全体の善につながるからです。これが、国連組織のもっともすばらしい側面です。まさに、本当に人間的な側面です。これが、時間の世界を旅する間に人類が夢見る理想です。これが、世界の偉大なる希望です。わたしは、あえていいたいと思います。それは、神の計画の反映、愛に満ちた超越的な計画の反映であり、地上における人類社会の発展を目指すものです。その反映のうちに、天上の何かから地上の何かへと向かう、福音のメッセージを認めることができます。ここでわたしの前任者、とくにヨハネ二十三世の声が響いてくるように感じます。彼のメッセージ『パーチェム・イン・テリス』は、皆さんの間で、実に信頼できる意義深い反響を呼び起こしました。

人間の権利と義務

皆さんがここで宣言しておられるのは、人間の基本的権利と義務、つまり人間の尊厳、自由、とりわけ宗教の自由です。皆さんは、人間の知恵の中でもっとも崇高なものの代弁者であるとわたしは感じています。わたしは、その聖なる性格に言及できます。というのも、それは人間のいのちの問題だからです。人間のいのちは聖なるものです。だれもそれを攻撃できません。まさに、皆さんの国連においてこそ、出生率に関する重大な問題が起こる場合でさえ、いのちへの敬意が、その崇高な表明ときわめて理にかなった保護とを見いださなければなりません。皆さんの任務は、人類の食卓に十分な食料があるように行動することであって、人工的な産児制限を援助することではありません。産児制限は、いのちの宴《うたげ》に参加する人々の数を減らす目的で行われる非合理なものなのです。

しかし、飢えている人を養うだけでは不十分です。各人に、人間の尊厳を保つ生き方が保障されなければなりません。それが、皆さんの努めておられることです。わたしたちの目の前には、皆さんのおかげで、あの預言者のことばが成就しているのではありませんか。そのことばは、実にみごとに皆さんの機構に当てはまります。「彼らは剣《つるぎ》を打ち直して鋤《すき》とし、槍《やり》を打ち直して鎌《かま》とする」（イザヤ2・4）。皆さんは、地上の巨大なエネルギーや科学の偉大な発明を、もはや死の道具としてではなく、人類の新しい時代のための、生の道具として使用しているではありませんか。

国連とそれに属する世界中の組織が、経済および社会の発展を加速させるために政府を援助する必要のあるところで、どれほど懸命に働き、どれほどの効果を上げているのかをわたしは知っています。

非識字を克服し、世界中に文化を広めるために、また、必要に応じた近代的な公共医療サービスを与え、人々に役立つ科学、技術、組織の優れた資源を提供するために、皆さんがどれほど熱心に活動しているかをわたしは知っています。これらすべてはすばらしいことであり、わたし自身も含め、すべての人の称賛と支持に値します。

わたし自身も、一つの例を示したいと思います。たとえ、わたしの財産があまりにも少なくて、だれも物量的にその例の実践的な意義を評価できないとしても、そうしたいと思います。わたし自身の慈善事業が、飢餓に対する戦いや、世界のおもなニーズにこたえるために、新たに展開していくのを見たいと願っています。これこそ平和が建設される道、それも唯一の道です。

精神的土台の上に平和を建設する

7　もう一言、皆さん、最後の一言をいわせてください。皆さんが建設している建造物は、単なる物質的で地上的な土台の上に立つものではありません。そうだとすれば、それは砂上の楼閣《ろうかく》となるでしょう。むしろそれは、自覚の上に立つものです。そうです、「回心」の時が来ています。個人の変化、内面の刷新の時です。わたしたちは、人間を考える新しい方法、人間の共同生活を考える新しい方法、そして、最後に、歴史の道筋、世界の運命について考える、新しい方法に慣れなければなりません。聖パウロがいっているように、「神にかたどって造られた新しい人を身に着け、真理に基づいた正しく清い生活を送るようにしなければなりません」(エフェソ4・24)。

時が訪れています。思い起こし反省するひとときは祈りともいえるかもしれません。そうした時は、どうしても必要です。わたしたちの共通の起源、わたしたちの歴史、わたしたちの共通の運命を振り返るために必要なのです。人間の道徳的自覚に訴えることが今日ほどに求められていることは、これまでまったくありませんでした。これほどすばらしい人類の進歩を特色とする時代だからこそ必要なのです。危険が生じる原因は、進歩でも科学でもありません。進歩や科学は、適切に用いられるならば、反対に、人類を脅かす数多くの重大問題を解決するのに役立つ可能性をもっています。現実の危険は、人間から生じます。一段と強力な道具を自在に操る人間です。その道具は、廃墟をもたらすこともできれば、高次の自然開発を達成することもできるのです。

一言でいえば、現代文明という建造物は、精神的原則の上に建設されなければなりません。というのも、精神的原則だけが、その建造物を支えるばかりでなく、それに光を注ぎ、それに息を吹き込むことができるからです。そして、より高次の知恵に関するこれら不可欠の原則がよりどころとするのは、神への信頼以外にはありえないということをわたしは確信しています。それは、皆さんご存じのとおりです。聖パウロがアテネのアレオパゴスで語っているのは、まさにそのおかた、「知られざる神」ではないでしょうか。その神は、疑いなく、アテネの人々に知られていませんでしたが、それにもかかわらず、彼らは神を探し求め、神は彼らの近くにいました。同じことが、現代の多くの人に当てはまります。いずれにせよ、わたしにとって、そして、言い表しえない啓示を受け入れた人々にとって、そのとおりです。その啓示とは、キリストがわたしたちにそのおかたを知らせたということであり、そのおかたとは生ける神、すべての人の御父なのです。

一九六五年十月四日

第百四十二回総会での演説

パウロ六世

一九六五年十月五日

尊敬する兄弟の皆さん。

大西洋を渡ったわたしの旅は、出発点となったここで幸いにも、神の助けによって終わりを迎えました。国際連合の総会という特別な場へ、わたしは救いと平和のメッセージを携えていきましたが、それはこの至聖なる公会議がわたしにゆだねたものでした。その場でわたしは、地球上の百以上の国の代表からなる、世界的な大組織の構成員に話しかけました。一致と平和を守ろうという彼らの共通の意志を固めるため、二十年前から始まった仕事を続けるよう、彼らを励ますためでした。その仕事が目指しているのは、戦争が回避されることです。民族間のどんな衝突であっても、名誉と尊厳からは切り離されてしまいます。またその仕事は、すべての人にとってふさわしい文明の進歩を依然として妨げている、さまざまな欠乏や害悪からのいやしが求められていることにも関係しています。しかし正しく思い起こしてみれば、そうした重大な取り組みを長い時間をかけて成就させるには、それが知恵に依拠していることが必要です。その知恵とは、神から出て、キリストを通してわたしたちに与えられたものです。

皆さんにあえて説明するまでもなく、どれほど親切にわたしが迎え入れられたことか、どれほど丁重にわたしの話が聞かれたことか、どれほどの共感をもって人々がわたしを取り囲んだことか、どれほどの敬意をもってアメリカの首都の愛すべき人々と信者の子どもたちがわたしを追いかけたことか。実際これらすべては、テレビの映像でたっぷりと流されて知られましたが、お気づきのように皆さん自身も、ある特別な二重の出来事に立ち会っていたといってよいでしょう。すなわち、ローマ教皇が初めて、約五百年前にクリストファー・コロンブスによって発見され、西洋社会とつながった土地を訪問したということ、そして、ペトロの後継者にしてキリストの代理者である者が初めて、地球上のほとんどすべての民族の代表者による会議を幸いにも訪問したということです。そこに集まった彼らは、カトリック教会を治める者のことばに耳を傾けたのです。

わたしの旅はもちろん実に急なもので、あの大陸でのわたしの滞在はきわめて短かったのですが、しかし、そこにとどまった目的は、わたしの心を動かすにふさわしいものです。それは、世界において守られるべき平和のためということでした。

尊敬する兄弟の皆さん、ある意味で全世界の人に平和のメッセージを運ぶ役目を与えられたことを、わたしは神に感謝いたします。この福音の使者の務めが命じられたとき、決してぎっしり詰まった聴衆の面前を想定していたのではありません。こう付け加えてもよいかもしれません。この使者に耳を傾けようと熱心に気構える聴衆を予想してはいませんでした。決して同じ使者が、いわば天上のあわれみの声と地上の嘆願の声とを、同時に象徴するとは理解されていませんでした。すなわち、人類に対する秘められた神の配慮を示すことが、人類家族のもっとも深い願望とはっきり合致するとは理解されていませんでした。さらには、決して神と人との仲介者としての教会の務めが、明確な議論によって、神の摂理的配慮に基づく機会によって、この時代の同意によって、認められるとは理解されていませんでした。

確かに、もっとも低いはずのわたしの役割が、卓越したものであったのは不本意なことです（しかし神は、わたしたちの歴史が記憶するもっと偉大な業績の栄光を神ご自身に帰するために、そうした業績をもたらした歴史的状況やそれを実現した力にふさわしくない奉仕者を選んだのではないでしょうか）。不本意なことですが、しかし同じ理由から、わたしの使者としての務めに授けられた預言的な力に関して、少なからざる喜びを覚えます。というのも、キリストの名において、わたしは人々に平和を告げたからです。

他方、同じ務めから、その重荷を負っている人に対する何かが生じることに、わたしは気づいています。その考えをもって、わたしの旅を終えたいと思います。

皆さんご存じのことですが、告知されたことばは、それを発した人をより重い義務で縛ります。その義務とはすなわち、それによって自分自身が一貫していなければならないものであり、そこから不可避的に他者にかかわり、模範を他者に示さなければなりません。そのことばが、それ自体のために、それ自体を通して、結果へと導く活動的な意志によって認められなければ、何がことばに値するでしょうか。

あることばの権威は、もちろん真理から生じます。いわば反響した音ないし心象は、その真理に属しています。しかし人間的なことがらにおいてより大きな効果を得るのは、そのことばを語った人によって結果へと導かれる、そのやり方によってです。確かにことばが発せられますが、福音を告知する人の模範が心を納得させるのです。したがって、わたしが平和を告げたというそのことから、何か重大なことが生じます。カトリック教会は、平和の根拠に奉仕するという、より大きな義務と重荷を引き受けました。わたしの口によってその根拠を語ったという、そのことゆえです。

疑いなく、政治的ことがらや経済的ことがら、すなわち市民の平和が実現するための秩序が確立される分野を注視することは、わたしの務めではありませんし、皆さんの課題でもありません。しかし、わたしたちも市民的な平和を安定させるために、助けとなる働きを提供することができますし、しなければなりません。絶え間ない道徳的援助によって、また、何らかのしかたでなされる現実かつ真実の愛の義務によって、提供しなければなりません。

まさにこのときに公会議が行おうとしていることは、教会とこの時代の世界との間にあるかかわりを、有効で健全なものにすることではないでしょうか。まさにこうした事情ゆえに、わたしたちが平和を確立するために行う活動は、疑いなく、正義の保護者となる場合に、より効果的で卓越したものとなります。平和を実現する人々は正義を土台としていなければならない、そうわたしたちは確信しています。なぜなら、正義が人間社会には必要だからです。わたしたちが正義を追求し、それに渇くことをキリストは望んでおられます。しかしわたしたちは、正義は段階的に進歩することを知っています。そして、社会が徐々に改善してゆくにつれて、人々の心も、正義がまだ完全でも絶対でもないことに気づかされ、そして、人類を依然として苦しめている不平等が明らかになり、救済が求められていることを知ります。階級間や国家間にあるこうした不平等が、平和を重大な危機に陥れるのではないでしょうか。これらすべては、もちろんすでに知られています。しかし、それらはわたしたちを励まして、どのようにしたらその不平等を解消できるのか考察するよう促します。いまだ市民的な発展に依存している人々の条件に、心を向ける必要があります。すなわち、よりはっきりというならば、世界にいる数え切れないほどの「貧しい者たち」へのわたしたちの愛は、より細心なもの、より効果的なもの、より寛大なものとならなければなりません。

また、別に考えるべきことがあり、それはわたしたちを、宗教的かつ道徳的な分野での同様の帰結へと導きます。わたしたちの信仰は愛に熱心に仕える必要がありますが、それは、エキュメニカルな論争においても、また、どんな民族であれ、どんな宗教をもった人であれ、善意の人々との霊的および社会的な関係においてもそうなのです。これは、平和のために労することと同じではないでしょうか。これはまた、わたしたちの計画や意図に含まれていることではないでしょうか。

しかし、そうしたわたしたちの計画や意図を入念に吟味し、大きな活力で現実の結果へと導く必要があります。わたしたちは、平和の弁護者とされているのですから。それは、いわばすべての人が追求しなければならない目的です。すなわち、ことばの約束には行動の約束が伴うということを、神はわたしたちに求めているのです。

最後に、尊敬する兄弟の皆さん、皆さんはわたしとともに「和解のために奉仕する任務」（二コリント5・18）に取り組みます。ここに参列する信者の皆さん、国の代表を務めておられる皆さん、尊いオブザーバーの皆さん、わたしと一緒に平和を希求しましょう。平和のために祈りをささげ、働きましょう。使徒的祝福を授けながら祈ります。「平和の源である神があなたがた一同とともにおられるように」（ローマ15・33）。

第七公開会議での説教

パウロ六世

一九六五年十月二十八日

尊敬する兄弟であり、愛する息子の皆さん。

皆さんは今、主キリストの働きについて述べた使徒のことばを聞きました。主は天上から、みわざを教会の中で続けておられます。そのみわざとは、主が地上におられたときになし遂げられたことが保たれるだけでなく、何か新しいことが築き上げられる、つまり前進し、成長することを指しています。福音の有名なあの箇所で、主ご自身がお告げになったとおりです。その箇所で主は、ご自身が正しく組み立て、つないだ成長を、将来示すことを約束されました。それが、ペトロという岩の上に、ご自身によって築き上げられた建物です。その岩は、主ご自身によって選ばれ、これほど大きな建造物を支えるのにふさわしいものとされました。すなわち、「わたしはわたしの教会を建てる」（マタイ16・18）と述べられました。実際、聖パウロは、ただいま黙想のためにわたしたちに語られたエフェソの教会への手紙のある箇所でこういっています。「そして、ある人を使徒、ある人を預言者、ある人を福音宣教者、ある人を牧者、教師とされたのです。こうして、聖なる者たちは奉仕のわざに適した者とされ、キリストのからだを造り上げてゆき、ついには、わたしたちは皆、神の子に対する信仰と知識において一つのものとなり、成熟した人間になり、キリストの満ちあふれる豊かさになるまで成長するのです」（エフェソ4・11―13）。

この現実は、起源から見れば神的なものであり、教会の歴史と、経験によって知られる真実に注意が向けられるならば、人間的なものです。今の時代にあっても、わたしたちの霊的な感覚によってそれは把握できます。ただし、この霊的な感覚が、それほど偉大な出来事を見るにふさわしくなっていなければなりません。キリストによって語られたメシアの預言に関する次のことばを、わたしたちに当てはめることができるでしょう。「この聖書のことばは、今日、あなたがたが耳にしたとき、実現した」（ルカ4・21）。

実際この大聖堂の中で、何が起きているのでしょうか。ご承知のとおり、神の聖なる教会を導き、教会全体を代表するこの聖なる公会議では、手間ひまかけた少なからざる審議と絶え間ない祈りの後に、教会自体の生にかかわる三つの重要な教令が公布されます。すなわち、『教会における司教の司牧任務に関する教令』、『修道生活の刷新・適応に関する教令』、『司祭の養成に関する教令』です。これらのすばらしい教令に加えて、それに劣らずすばらしい宣言、すなわち『キリスト教的教育に関する宣言』、および『キリスト教以外の諸宗教に対する教会の態度についての宣言』が公布されます。これらの文書の内容を皆さんはよくご存じですので、説明の必要はありません。また、世界中に時代とともに広く明らかになっていく重要性や偉大さ、さらには、魂にとっても教会生活にとってもきわめて健全な未来を期待できる効果を、説明する必要はありません。皆さん一人ひとりはすでに、今扱っている議事の、すばらしいこれらの部分を評価しているからです。

わたし自身むしろ、これらの文書の公布の後で、もう一度落ち着いて考えれば、教会が発したこれらの文書に関する考察が、わたしとわたしの役務にもっとも有益なものであると思うことでしょう。これらの文書を教会は、自らの任務の卓越した重大な面を果たしながら、疑いなく聖霊によって動かされて、奥深い自らの知恵から引き出し、自らのために、愛情深い苦労に満ちた考察によって追求することがらとして提示します。教会はそれらの文書を、自らに新しい務めとして課しました。もちろん、それは重荷となるものではなく、むしろ支えられ、続けられ、生という以外には名づけようのない充実、安全、喜びを得るのです。

教会は生きています。ここにその証拠があります。ここにその息があり、声があり、歌があります。教会は生きています。

尊敬する兄弟の皆さん、このためにこそ、公会議の招きがあって駆けつけられたのではありませんか。つまり、教会が生きていることを実感するため、むしろ、貴重な人生を教会にゆだね、年代の古さではなく、永遠の若々しい活力に気づくため、さらに過ぎ去る時代のみならず、現在も変動のただ中にあって強い力で動かされている時代と、キリストのわざ、つまり教会との、新しい関係を築くために集まって来られたのではありませんか。この関係とはもちろん、単に歴史にかかわるというものではありません。つまり、「相対主義」的な考えから、世俗文化の傾向の変化に基づいて、教会の本性を考えることではありません。教会は、つねに変わらず自らに向き合っているからです。むしろその関係は、キリストが教会に望むとおり、真正な伝承が完成に向けて促進させるように、教会を、救いにかかわるその務めを、人間社会の新しい条件に合わせるのに、いっそうふさわしいものにします。このことのために、皆さんはここにやってきています。ご覧ください。公会議のこの最後の審議自体を通して体験として、皆さんは教会が生きていることを知りました。教会は考えます。教会は語ります。教会は祈ります。教会は成長します。教会は、自分を建物のように建設します。

わたしたちは、このまったくすばらしい体験を味わわなければなりません。わたしたちは、教会のメシア的な意義に、精神を集中させなければなりません。教会はキリストから出て、キリストへと向かいます。教会の歩み、すなわち教会の活動は、より完成された状態へと教会を導きます。教会は自らを固め、あちこち成長して大きくなり、自らを新しくし、自らを聖化します。しかし、教会を完成へと向かわせるこの努力は、もし注意深く考慮するならば、主キリストに対する愛の現れにほかなりません。キリストは、教会が自分の本当の性格を守り、自らに向き合い、生きた実り豊かなものになるよう駆り立てます。キリストは、神聖な花婿であるご自身のほうへと向かうようにと、教会に呼びかけ、導きます。この仕える働きの動因は、教会の使徒的な性格と力そのもの、つまり役務の機能です。この機能によってキリストは、ご自分の神秘的で社会的な「からだ」を与えることを望まれました。そしてこの機能は、その神秘体に作用しながら、使徒的かつ司牧的な位階制を通して明らかになります。役務の機能は、これらのことばと恵みと権威を主ご自身から引き出し、これらを保存し、永続させ、伝え、使用し、発展させ、神の民を内側で生かし聖化し、外側で目に見えるもの、すなわち社会的・歴史的なものにします。

この使徒的な性格と力に関して、わたしたちはきわめて豊かで、きわめて充実した時を祝っています。それが、わたしたちの心に広がっています。それは、わたしたち自身に功績を帰するためではなく、上に向かってキリストに栄光を帰するためです。み名において、そしてわたしたちに注がれる聖霊の力において、わたしたちが遂行する活動の栄光を帰するのです。またわたしたちは、謙虚な奉仕者・仲介者として、神の偉大なる家族、すなわち聖なる教会のうちに、効果的な成長を与えます。これが教会建設につながります。ただ、それは未完成です。

そこで、この時が使徒聖シモンと聖ユダの祝日に当たっていることをわたしは喜んでいます。彼らの誉れのために、主のことばが福音書の朗読を通して語られ、わたしたちは今その朗読を聞きました。このことばは、使徒的使命が容易なもの、喜ばしいものであるとは約束していません。むしろそれは、使徒的使命を果たす人には、困難と苦しみが待っていることを示しています。

またうれしいことに、今日は尊敬するわたしの前任者、ヨハネ二十三世教皇の選出記念日です。前教皇はある特別な霊感に動かされて、この公会議を招集しようとの思いを抱かれました。

さらにわたしは、この使徒の祭壇を取り囲んで、親愛なる兄弟である司教がたが、わたしとともに共同司式をしておられることを喜んでいます。この中には、福音を伝える自由の権利が制限され奪われてしまった国々を代表する司教様もおられます。まさにキリストの使徒が被る苦しみをあかしするかたがたです。これらの兄弟たちに対し、苦しみを懸命に耐えた記憶をもつ諸教会に対し、また、ここにご出席くださったことで、より強くわたしを燃え上がらせてくださる諸地域に対し、この祈りの供え物を通じて、連帯したわたしたちの意志と愛と希望を表明したいと願っています。

同様に、ここにわたしとともに参列しておられる、司教職における兄弟で、しかも、平和が乱された結果、多くの涙と血が流され、破壊に悩まされている国々、新しい苦難に脅かされている国々からおいでになった司教様に対し、心からあいさつし、正義を伴った正しい秩序と調和、平和がその地に回復されることを希望します。

同じく、皆さん、キリストにおける大切な兄弟、キリストのみ名における使徒であり牧者、キリストの福音の告知者であり教会の建設者である皆さんに対して、今参列しているこの共同司式の交わりの場において、わたしの愛をあかししたいと望んでいます。またわたしは、皆さんがわたしと心を一つにしてとどまり、聖なる神の教会を建設するために、公会議の新しい教令によって確固たる者とされるようお願いいたします。

神秘的なしかたでわたしたちとともにあり、すぐに秘跡的に現存してくださる神が、わたしたちの使徒として、そして司牧者としての務めを強め、聖化してくださいますように。そのことによって、聖職者、修道者、信者の共同体全体は益を受け、新たに愛をあかしするかのように喜びます。なぜならキリストは、このために位階的な奉仕職を整えたからです。

魅力ある教会の表情がこのように現れてきたことを、いまだに完全な交わりのうちにない、大切なキリスト者の兄弟たちが見てくださいますように。また、他の宗教を信じる人々が、このことを顧みてくださいますように。とりわけ、アブラハムとの近親性をもつ人々、つまりユダヤ人たちが顧みてくださいますように。彼らに対して非難をしたり不信を抱いたりすることなく、畏敬と愛を示し、彼らの中に希望を見いだせますように。

事実、教会は前進してゆきます。真理と信仰を固く保ちながら、正義と愛を高め広めながら、前進してゆきます。実に、このようなしかたで教会は生きているのです。

第八公開会議での演説

パウロ六世

一九六五年十一月十八日

この公開会議は、第二バチカン公会議終了の二十日前に行われます。この会議において、皆さんよくご存じの重要な公会議文書が公布されますが、それに加えて、四会期にわたって多くの苦労を伴って定期的に開催された、このもっとも重大な教会の出来事の成果に関する実践上のいくつかのことがらについて、皆さんにお話しする機会が与えられました。

今日わたしは、この公会議のきわめて高い重要性——宗教的側面に関して、教義に関して、魂の善に関して、司牧的熟練に関して、歴史的価値に関して——についてお話しすることは何もないでしょう。また、今わたしたちに示され、今後も観想するために示される、知恵と恩恵の神秘についてもお話しすることはないでしょうし、公会議の審議によってもたらされた新しいことがらについても、それが教会の内なる生に関することであれ、教会を取り巻く人々や物事に関するいろいろな道理や必要なことがらに関することであれ、お話しすることはないでしょう。なぜならこれらすべては、わたしたち一人ひとりの魂にとどまり、わたしたちを熟考と行動へと健全に動かします。この点については、すでにこれまでの話の中でもなにがしか述べましたし、あるいは、十一月四日に出された使徒的勧告でも触れました。わたしはここで、公会議全体の特質について評価するつもりはありません。むしろ、この会議の進め方と進捗が、あらゆる面でよく整って、基準にかない、自由で平和で、そして皆さんの参加と働きによって、荘厳かつ熱心で実り豊かで、十分に救いをもたらすものであったことに注目するだけで十分です。神の教会において開催されたものの中で、この公会議ほど、広い地域から集まり、より多くの労力をもって、より穏やかに行われ、より多様で、より広い論点に関して議論した会議は他にありません。なぜならこの公会議は、教会の独自な生について、依然として教会との交わりのうちにないキリスト者の兄弟たちについて、キリスト教でない他の諸宗教について、一般的な人類社会について審議したからです。わたしたちはこの公会議において、人類社会のもつれた困難な諸問題を、より明白に知るよう学びました。わたしたちは、人類社会をより強く愛することを学びましたが、それは、その幸福と平和と救いのためです。それゆえ、神は賛美されますように。唯一の神、わたしたちの最善最高の父である神が、わたしたちの唯一の最愛の主であるイエス・キリストを通して、愛によってわたしたちを養い、導き、慰めてくださる、いと甘美なる弁護者である聖霊において、賛美されますように。神は賛美されますように。

今のところ、すでに述べたとおり、公会議自体の終結にかかわる、いくつかの帰結に思いを寄せれば十分です。その終結はむしろ、多くのことがらの始まりと後に呼ばれるでしょう。そこで、何よりもまず、諸委員会を構成するところから始めます。その規定を定めることに専念しなければなりません。もちろんこの諸委員会は、公会議の諸教令によって提示されたものです。こうした種類の委員会を、できるだけ最初に設けたいと考えています。なぜなら、この公会議の聖なる審議を、遅延なく実行に移すことに集中しなければならないからです。公会議後に開かれる三つの委員会が、すでに設けられました。第一は、聖なる典礼に関するものです。第二は、教会法の改定に関するものです。第三は、『広報メディアに関する教令』の内に述べられた諸規定が保たれるようにするためのものです。また、『教会における司教の司牧任務に関する教令』が承認されるのを待たずに、そこに書かれた願いにこたえて、世界代表司教会議が設立されたことをお知らせできました。神が望むならば、最初にわたしがこれに携わりたいと思っています。ただ、来年は公会議の事後処理に伴う手間がいろいろとありますので、来年が不可能ならば、その翌年一九六七年に開きたいと希望しています。そのときに、百年前に尊敬するわたしの先任者ピオ九世によって出された規定に従って、使徒聖ペトロの殉教一九〇〇年祭が行われることとなるでしょう。

しかしその同じときに、公会議が設置すべきであると決定した諸委員会がすぐに設置されるよう、あらゆる配慮をするつもりです。それは、公会議が作成した諸教令のさまざまな基準を満たすためであり、またその基準の現実化に必要な、特別な作業を引き受けるためです（『教会における司教の司牧任務に関する教令』44参照）。また、新しい事務局が開設され、この公会議の諸法規や教会生活刷新の実行を要求する、際立った奉仕を行うこととなるでしょう。わたしにおいては、この公会議の成果を実行に移すため、また、三つの「秘書局」のような、そこから始まった働きを遂行するため、粘り強く取り組んでいきます。秘書局は、その優れた働きによって、すでに際立っています。その第一は、すべてのキリスト者が同じ教会の唯一性において共存するよう努めることです。第二は、キリスト教以外の諸宗教とわたしたちとの関係を扱うことです。第三は、信仰をもたない人々に熱意と気遣いをもってかかわることです。このことのために、神がわたしたちの意志を固め、新しい務めを果たせる力と助けを授けてくださいますように。

しかしながら、尊敬する兄弟の皆さん、上に述べたことがらは、少なからぬ時間を必要とします。たとえ、教会を統治する最上位のあれやこれやの諸組織の編成が等しく徐々にしか実現されないとしても、また、膨大な事務や無用な浪費を避けるようにそれを勘考し配慮するとしても、公示された諸提案をわたしがさほど忠実に守っていないとは、決して評価しないよう願います。

とはいえわたしは、聖なる位階制に固有の職務を、新たな人為的な理由で一つにまとめようとしているのではありません。むしろわたしは、今後実行されるべき公会議の諸法令の中に、司教に関する部分が設けられ、また今後、全教会統治において、わたしの使徒としての務めを適切に果たすために、なしうるかぎり、司教たちの助力的な働きがなされるよう望みます。他方、司教たちの集まり、ないし司教協議会に新たに割り当てられた実行力は、教会法に含まれる諸概念の発展という面で、実に重要な出来事として評価されるべきです。そして、わたしがこの制度の創設を受け入れて前に進めたように、その制度が地球上のさまざまな国や地域において、カトリック教会の健全でふさわしい成長に寄与することになるだろうと確信しています。さらに、そこからキリストの神秘体の肢体が、決して互いに切り離されることなく、ますます相互につながり、調和的で兄弟的な一致へと成長してゆくことを希望しています。これらの組織を、わたしは温かく見守るつもりです。そして、教会統治の最上位の組織、とりわけローマ教皇庁が、わたしにとって慎重な助けとなるのと同じく、有効に教会の機構全体の助けともなるでしょう。

ローマ教皇庁に関しては、カトリック教会がその霊的力の豊かさと規律の堅固さを証明した、この公会議というきわめて偉大な行事の終わりにあたり、皆さんのご好意と寛大な心にそれをゆだねたいと思います。カトリック教会が今日、神のおかげで享受しているすばらしい力によって勢力を得ているとすれば、これは大部分、使徒としての務めを行うこの教皇庁といういわば道具による、巧みで忠実な働きに帰せられるべきことです。この道具がすでに古くさく役に立たない、ただ自己の利益だけに熱心な、腐敗した組織であると誤って考える人がいるかもしれません。しかしわたしたちは、際立った働きのあかしを、この組織に認めなければなりません。かつては、ローマ教皇のもとでその活動のために設立されたこの人間的な組織において、ある種の過失が非難されてきましたが、今日それは、神のあわれみによってすでにありません。むしろ、宗教的熱意、イエス・キリストに対するまことの愛、誠実さと従順、援助すべき聖なる教会への熱心さ、見守るべき成長における活気が、ローマ教皇庁全体の勤勉さを動かし導きます。教皇庁を遂行すべききわめて重い務めにふさわしいものとするばかりでなく、教会全体がそこに信頼を寄せるにふさわしいものとします。

とはいえ、今述べたことを、ローマ教皇庁が改善されうることをわたしが否定している、というようには理解しないでください。というのも、何であれ人間的なもの、何であれ時の変転にさらされているものは、容易に不完全なもの、もろいものとなってしまいます。むしろ、人間の尊厳が気高ければ気高いほど、また、人間の務めが、自分に合致しキリスト教的聖性をあかしするよう求めることの切実であればあるほど、人間の欠点は一段と顕著となり、非難されるべきものとなります。それゆえわたしについていえば、何よりもまずこのことを認めるばかりでなく、最近公布された『教会における司教の司牧任務に関する教令』9に従って、ローマ教皇庁が適切に刷新されるように尽力したいと思います。そしてわたしは、ローマ教皇庁の名誉のために懸命に働くすべての人が、イエス・キリストの真の霊に、もっともっと満たされ影響されるよう望んでいます。

これに関連して、次のことを尊敬する兄弟の皆さんにお知らせしておきたいと思います。すなわち、わたしがたとえ配慮すべき多くのことがらに囲まれているとしても、決してこのときに、ローマ教皇庁の刷新を避けたわけではないことを知っておいていただきたいのです。ローマ教皇庁を刷新するための協議と研究がすでに始められており、しかも幸いなことに進展しています。とはいえ、申し上げますが、構造自体が変えられなければならないという、深刻な必要が差し迫っているわけではありません。ただ、職員が交替しなければならないうえに、少なからず再編成される必要があります。多くは、より簡単な形へと改変されるべきで、そうすればその他も整います。しかしむしろ、こうした機構が普遍的に構成されるべき基準が、より明白に示され定められるよう努力がなされるはずです。おそらく、期待されている刷新はゆっくりと進められ、部分的にのみ達成されるように見えるでしょう。もちろん、人々や伝統的慣習に対して当然の敬意を示すことになるのは必然です。しかし、刷新自体はいずれ実現されるでしょう。

しかるに、わたしのことばが何らかの実例によって証明されるために、すでに次のことをお知らせできるようになっています。すなわち、近いうちにローマ教皇庁のすべての省の中で第一のもの、つまり教理省を管理する諸基準が出されます。

しかし、尊敬する兄弟の皆さん、この当然必要な変化と改善に精神を集中しなければなりませんが、むしろより大事なのは、道徳的・霊的改革です。これによってわたしたちは、神という教師にいっそう似た者となり、ますます、わたしたち一人ひとりに課せられた使命を果たすのにふさわしい者となるでしょう。実際、まず吟味しなければならないのは、わたしたちの真の聖化と、現代の人々の間に福音のメッセージを広める確実な手段です。

さて、わたしの見るところ、わたしたちの思いは、公会議の後に続く時代に向かわなければなりません。

公会議の開催は、もちろんわたしの判断によるものですが、三つの異なった心の状態を次々ともたらしました。最初は、心に火がつき燃え上がりました。それは当然のことでした。驚き、喜び、希望をもって、そしてあたかも救世主的な夢のように、待たれてはいながらも予期してはいなかった招集の知らせが受け取られました。それは、春の息吹のように皆の心を魅了しました。それから、別の心持ちが訪れました。そのとき、公会議自体は行われていました。複雑多岐な諸問題と諸困難がその特徴となっています。これらのことが、公会議の作業の中に生じてきたことは偶然ではありません。もちろんその作業は膨大でしたが。ある面で、称賛はとりわけ会議の仲間、つまり「委員会」や、より小さな集まり、すなわち「小委員会」に帰せられるべきです。そこに属する神学顧問たち、とりわけある人たちは、熱心に賢明に努力してくださいました。わたしはこの人たちに報いたいと思い、その人たちのうちの何人かが、わたしと一緒にこのミサに参加してほしいと望んだのです。

しかし同じ時期に、世論の一部では、あらゆることが論議の対象とされ、また、その場で論議できるようになると考えていました。彼らにとっては、あらゆることが困難で複雑なものと思われていました。彼らはすべてについて同様の批判をし、せっかちな心で新しいものを望みました。不安や互いにぶつかる意見、恐れ、無謀、追い込まれた意見がわき起こりました。そこかしこで、真理と権威の原理自体に関する疑いが投げかけられ、ついに公会議は、穏やかではありますが、慎重かつ荘厳に声を発し始めました。今や公会議はその終結にあたって、教会の生の形となるべき励ましに満ちた短いことばで自らを告げ知らせます。

こうして、すでに第三の心の状態に入っています。すなわち、諸提案が出され、公会議の諸教令が採択され、実行に移される段階です。まさにこのことのために、各自が心を一つにしなければなりません。議論は終わり、心機一転、理解する段階が始まりました。地面を耕した後で、整然とした効果的な畝《うね》作りが行われます。教会は、公会議で渡された新しい基準に基づいて自らを形づくります。この新しい基準の信頼性は独特であり、その特徴は、いわば新たな共通理解の増大です。それは、教会における交わりに関する理解であり、その驚くべき構造に関する理解であり、教会の位階的な交わりが接合され、促進され、聖化されなければならない、一段と燃え上がった愛に関する理解です。

確かに、わたしの前任者ヨハネ二十三世によってすでに提唱された、あの「現代への適応」が真実となるのはこのときです。しかしヨハネ二十三世は、このことばに、熟慮し判断した結果、次のような含意を確かに認めませんでした。すなわち、ある人たちがこのことばにまとわせようとしている意味合いのことで、あの「適応」によって教会内におけるあらゆるもの、たとえば教義、法規、制度、伝統的慣習などを、「相対主義」的な好みや世俗精神に従って考えてもかまわないという含意です。実際ヨハネ二十三世は、鋭敏で確固とした素質を備えておられたので、教会の教えや構造の安定性をよく理解しており、この教えや構造をいわば基礎とし、教皇の考えや働きはそこに依拠していました。したがって今後は、「現代への適応」ということばを次の意味で使用します。すなわち、公会議開催の精神が認識され、そこで聖なるしかたで出された諸基準が、忠実に実践に移されるという意味です。

教会にとって、その新しい精神が顧慮されるのであれば、この新しい道が延びてゆくべきであると思います。聖職者も信徒も、主キリストに従って生活と活動を刷新するために専念する、優れた霊的なわざをもつことです。まさにこのわざをなし遂げるために、兄弟とわたしの子どもたち、つまりキリストと教会を大切にする人たちを、わたしと一緒に広く真理を公言するよう招きます。この意味で、キリストと使徒たちは教えを伝えたのです。そしてこれ以外にも、教会の規律と、魂をしっかりと心地よく結ぶ一致への熱意を公言するようにも招きます。この一致は、信頼と相互の必要性のために、同じキリストの肢体としてわたしたちを固めるものです。

こうしたキリスト教的生活の刷新へとすべての人を促すために、わたしの前任者である二人の教皇、すなわちピオ十二世とヨハネ二十三世のことばと模範を敬虔に思い出し、それに倣うよう、教会の子らを励まします。この二人の教皇から、教会が、それどころか全人類が大きな恩義を受けました。そこで、彼らのためにわたしは、大いに崇敬されている教会の有名で偉大な牧者が福者の数に入れられるために、いわゆる公式の手続きが取られるよう決めました。こうして、さらに多くの声に一致して、天上の栄誉がこの二人に与えられるようにと求める、すべての人の願いは実現するでしょう。また二人の聖なる遺産は、後代に健全に伝えられます。さらに、彼らの本当の貴重な姿が、わたしたちにも将来の世代の人々にも提示されるよう定められることになりますが、それは、まことの聖性への崇敬、すなわち神の栄光と教会の発展という理由からにほかなりません。だれにとっても明白なことですが、審議が迅速に進むことはありえませんが、しかし確かに準備され整えられることでしょう。わたしたちの望むところに、神が導いてくださることでしょう。

公会議の閉会が目前に迫っています。このときにあたり、いわなければならないことがあります。公会議がここまでに出した、すべての成果の意味をまとめることです。教義に関していえば、真理と実生活に関する明確で立派な教えを教会全体に与えました。愛の実践に関していえば、わたしたちは皆全世界の隅々からここに集まったので、互いに知り合い、皆で一緒に神に祈り、公会議で実現したことに専念し、それぞれの問題について熟考し、イエス・キリストとその福音に対するわたしたちの忠誠を一つになって表明し、そして、互いを大切にし合う能力を高めました。その中には、わたしたちから分かれた兄弟もいますし、貧しく、魂も身体も病んでいる人々もいます。世の中の研究者や労働者もいます。つまり人間社会全体です。とはいえ、時間が足りません。これだけ多くの論点を一つにまとめようとするには足りません。しかしわたしたちすべてに、このような研究のために別の機会が与えられるはずです。後の時代の人々にも与えられるはずです。

ここでわたしの話は終わりにし、公会議の記憶をふさわしく永続するための、いわば招待のようなものを計画する提案についてのみ述べたいと思います。その提案とは、ローマ市内の司牧上適当な場所に、幸いなるおとめマリア、「教会の母」の名誉のために、新しい聖堂を建立することです。「教会の母」というのは、マリアが教会の最初の、祝福された娘だからであり、とりわけ天上のたまものに恵まれたかたтака らです。

次いで、教会全体で、特別な聖年を設ける意向を抱いていることをお知らせします。その聖年は、この公会議終了から来年の聖霊降臨まで行われます。目的は、公会議で出された真理と愛のメッセージを、聖なる集まりを通して広め、キリスト信者がそれぞれの教区の司牧者との交わりと結びつきを自覚しながら強められることです。この機会に「和解の務め」(二コリント5・18参照)から実りを得て、それを享受するよう、あらゆる人に勧めます。きっとその和解の務めが、善意あるすべての人にきわめて豊かに開かれ、提供されることでしょう。聖年に関するお知らせと諸規則が、できるだけ早く公表されるようにします。

さて、わたしの話を終わらせて、今行っている荘厳な総会を閉じるときです。しかしその前に、この短く甘美で聖なる儀式に出席してくださった皆さんに、心からのお礼を申し上げます。主にあって、皆さんにごあいさついたします。至聖なる主のみ名にあって、各自のためにお祈り申し上げます。

コンスタンティノープル教会に対する愛の務め

パウロ六世

一九六五年十二月七日

将来の記憶のために。

「キリストがわたしたちを愛してくださったように、あなたがたも愛によって歩みなさい」（エフェソ5・2）。異邦人の使徒のこの励ましのことばが、救い主の名によってキリスト者と呼ばれているわたしたちに現れています。また、わたしたちをこの時代にあって動かします。この時代は、以前よりも強く、愛の空間を広げるようにとわたしたちを駆り立てます。すなわち、わたしたちの魂が、神のたまものによって、ある願いによって燃え上がるということです。それは、愛に仕えるためにキリストのからだとして組み込まれるよう招かれた人々が、一つに集められることに全力で努力するようにという願いです。しかしながらわたし自身は、神の摂理から聖ペトロの座に着いている者として、この主の命令を理解しているので、すでに何度も、あがない主の意志を実現するために、すべての機会を役立つ好機にしようという計画を、強くもっていることを示しました。もちろん、あの悲しむべき出来事をわたしはよく考えています。少なからざる意見の不一致の後、一〇五四年にローマ教会とコンスタンティノープル教会との間に重大な対立が生じました。それゆえ当然のこととして、わたしの先任者聖グレゴリオ七世教皇は、その後こう書いています。「最初の一致が有益であったほどに、後の害はひどかった。両方から愛が冷えてしまったのである」（「コンスタンティノープル皇帝ミカエルあて書簡」Ep. *Ad Michaël Constantinop. imp.*, Reg. I, 18, ed. E. Caspar, p. 30）。それだけでなく、教皇使節がコンスタンティノープル総大主教ミカエル・ケルラリオスと二人の教会当局者に対して破門宣告を突きつけ、対する総大主教ミカエルとその教会会議も、同様に破門宣告を下す事態に至りました。しかし今や、時代も人も変わり、尊敬するわたしの兄弟、コンスタンティノープル総大主教アテナゴラス一世とその教会会議が、わたしと同じ意志をもっていることを大いに喜んでいます。その意志は、愛という「精神の甘美で健全なきずな」（聖アウグスティヌス『説教三五〇』*Sermo 350*, 3: PL 39, 1534）で、わたしたちは結ばれているということに向けられています。したがって、完全な一致へと導く兄弟愛という道をさらに進み、妨げとなっている障害を取り除きたいと願い、第二バチカン公会議に集まった司教たちを前にしてわたしは、当時の是認できないことばや行動は本意からのものではないと断言します。さらに、当時発せられた破門宣告を、教会の記憶から消し、教会の中から取り除き、忘却によってそれを覆い隠したいと望みます。しかし、わたしは喜んでいます。この兄弟愛の義務を、ここローマで、使徒ペトロの墓のそばで、まさに今日果たす務めがわたしに与えられているのを喜んでいるのです。今日は、新しいローマと称されているコンスタンティノープルでも、同じことが祝われます。西方教会と東方教会は、それぞれにとって共通の司教であり教会博士である聖アンブロジオを、敬虔に思い起こして祝います。平和の創始者である慈悲深い神よ、この相互の善意の結果を授けてください。そして、キリスト教的な兄弟関係に関するこの公式の約束を、ご自身の栄光という幸いに変え、人々のいのちに役立たせてください。

ローマ、聖ペトロの傍らにて、漁夫の指輪のもと、教皇在位第三年、一九六五年十二月七日、司教、証聖者、教会博士である聖アンブロジオの祝日に。

（注）この使徒的書簡は、公会議の最後の公開会議で読み上げられた。

第九公開会議での説教

パウロ六世

一九六五年十二月七日

尊敬する兄弟の皆さん。

今日、第二バチカン公会議を終了いたします。公会議はここまで、きわめてしっかりと効果的に行われてきました。そのことを、ここでも数多くの皆さんが目撃し、この公会議の秩序だった組織が証言し、公会議の作業の規定に基づく終結がそれを堅固なものとし、思いと願いが、いわば共鳴して宣言しているかのようです。公会議の最中に提出された少なからざる問題の適切な解決を待っているとすれば、それが意味することは、公会議の作業を終えるのは、疲れのためではなく、むしろこの普遍的な公会議が呼び起こした活気のためであるということです。公会議後、神の助けによって、その活気をすっかり問題の解決へと向かわせることになるのです。このわたしたちの公会議が後世に伝える教会の姿は、この宮殿が象徴するものです。すなわち、ここにぎっしりと集まっている聖なる司牧者たちは、同じ信仰を表明し、同じ愛の息遣いをしています。祈りや規律、熱意のきずなによって互いに結びついています。実に驚くべきことですが、皆この一事を求めています。すなわち、キリスト、わたしたちの教師であり主であるキリストと同様に、自らを、教会の生と世界の救いのために奉献することです。さらに公会議は、単に教会の姿を後世に伝えるばかりでなく、その教えとおきての遺産をも後世に伝えます。これは、キリストから教会にゆだねられたものです。このことを諸民族は、世の移りゆきとともにいつも観想し、あたかも自分の血液や体液のごときものとし、自らの習慣によってある意味で表現しています。今日、この遺産の大部分が明らかにされ、健全な状態に整えられ秩序づけられました。この遺産は、それを構成する、真理と恩恵の神的な力によって生きているので、それを敬虔に受け入れ、それによって自らの生を養うすべての人を生かすにふさわしいと考えるべきものです。

　実際のところ、この公会議が何であるのか、何をもたらすこととなるのかという問題は、わたしたちの最後の考察に属するでしょう。しかしそのためには、多大な注意と多くの時間とを要します。この荘厳な最上の時間に、あえてそれほど大事なことを簡単にまとめようとは思いません。それゆえむしろ、この貴重な時間を、魂を敬虔へと傾けると同時に、最高の望みへと高めるような思索に充てたいと思います。むしろ、お尋ねします。この公会議の宗教的な意義は何なのでしょうか。宗教的な意義ということばでわたしが意図しているのは、神とのかかわりです。すなわち、何によって教会は存立しているのか、何を信じているのか、何を希望しているのか、何を愛しているのか、何が存在しているのか、何をしているのか、ということを問うているのです。

わたしたちは、神に賛美をささげたといえるでしょうか。神を知り、神を愛することを求めたといえるでしょうか。神を観想する努力と、神を祝う配慮、わたしたちを牧者であり神への道の教師であるとみなす人々に神を告げる技術において、進歩したといえるのでしょうか。

正直わたしが思うに、こうした問いかけが第一の主要な動機となって、公会議開催の提案が生じたというのが事実でしょう。依然としてこのサンピエトロ大聖堂に、わたしの尊敬するすばらしい前任者ヨハネ二十三世が、公会議の開会演説で語られたことばが響いています。彼がこの公会議の提唱者であると認めることは、きわめて正当です。そのとき、教皇はこのように語られました。「公会議の最大の関心事は、キリストの教えの聖なる遺産がいっそう効果的なしかたで守られ、提示されることです。……実に主キリストが「何よりもまず、神の国と神の義を求めなさい」と述べたことは真実です。「何よりもまず」ということばは、わたしたちの力と考えをどの方向に向けるべきかを明らかにしています」(AAS 54 [1962], p. 790)。

そして、公会議開催の提案が実現しました。この出来事を物事の真理に基づいて評価するために、それがどんな時代に起こったのかをよく考えるべきです。すなわち、それが起こった時代では、だれもが認めるように、人々が神の国よりもこの世の支配へと向かっています。この時代は、神を忘却することが習慣となり、科学の進歩がそれを追認させているかのようです。この時代は、自分自身とその自由をより明確に自覚した人間の固有の働きが、どんな法則にも拘束されない、自然法則の秩序を超える完全な自由を自らに要求しようとしています。この時代は、「世俗主義」の見解が、現代における思想発展から正当に生じていると思われ、それが、人間社会を秩序づけるべき、もっとも賢明な規範であるかのようにみなされています。さらにこの時代は、あらゆる希望を取り去る不合理を、人間理性が表明するに至っています。

この時代は、異民族の偉大な諸宗教が、これまで経験したことのない混乱と変化にさらされています。したがってこのような時代に、わたしたちの公会議は、神への賛美のために、キリストの名において、聖霊の息吹に動かされて執り行われました。聖霊は「いっさいのことを究め」、今でも教会を内面から生かして「神からわたしたちに恵みとして与えられたものを知るように」（一コリント2・10―12参照）なります。すなわち、教会が人間の生と世界を奥深くから、そしてあらゆる面から悟れるよう働きかけるのです。この公会議の力によって、人間本性と世界に関する神中心の神学が、人間の精神を自らのほうへと向かわせます。あたかも、それを時代錯誤、異質なものと考える人々に呼びかけるかのようにです。神中心の教えが明らかにすることがらは、世界が確かに初めは愚かなことと判断しても、しかし後に、人間的で、賢明で、救いに役立つ――そうなることを期待していますが――ものと逆に認めるようになることです。すなわち、神が存在するということです。当然、神は存在します。本当に神はおられ、生きています。神はペルソナです。すべてを見ておられ、無限の善性を備えています。もちろんそれ自体として善ですが、そればかりでなく、わたしたちのためにも大いに善です。神はわたしたちの創造主であり、わたしたちの真理であり、わたしたちの幸福です。ですから人は、思いと心を神に集中しようと努力するとき、すなわち観想に没入するとき、精神の働きを引き出します。これこそ、あらゆる人間活動の中で最高で完全なものと理解されるべきです。ここでいう精神の働きによって、現代にあっても、人間の熱意を必要とする無数の活動領域は尊厳を得られますし、そうでなければならないのです。

ある人は、公会議が神に関する真理を取り扱うよりも、教会や教会の本性、その組織、その普遍的使命、その使徒的宣教活動をおもに考察したというでしょう。この非常に古い宗教的社会、すなわち教会は、自分自身について考察しようと熱心に努めました。このことによって自らをよりよく認識し、自らをよりよく定義し、そしてそこから精神と自らのおきてとを調和させるためです。これは真実です。しかし、この自分自身の認識は、それだけを目的とするものではありませんでしたし、地上的な価値をもたらすにすぎない文化の明示ではありませんでした。教会が自分自身へと立ち帰り、自覚の隠れた内奥へと入っていったのは、宗教心理学や教会の歴史を探る洗練された綿密な研究を楽しむためではありませんし、所与の業績をあらためて自分の権利として主張するためでも、自らの法律を説明するためでもありません。そうではなくて、教会において生き、聖霊によって効果的となるキリストのことばをよりよく理解するためであり、より深く神秘を、すなわち神の計らいと現存を自分自身の周りと自分自身の中に探るためです。信仰の火を、自分の中によりいっそうはぐくむためです。信仰は秘められた力であり、この力に教会の堅固さと知恵は依存します。そしてまた、愛の火をもはぐくむためです。この愛の火によって、絶え間ない神への賛美を歌うよう動かされます。聖アウグスティヌスがいっているとおりです。「歌うことは愛している者のしるし」(『説教三三六』*Sermo* 336: PL 38, 1472)。このことと特別な宗教的提言が、公会議の諸文書にまさに明らかに表現されています。とくに、神の啓示、典礼、教会、司祭、修道者、信徒に関する文書に明らかです。それらは、霊的な水脈がどれほど澄んでおり、温かく、豊かであるかを示しています。その水脈は、生きた神との生きた触れ合いによって、教会の脇腹から流れ出し、教会を通って、このわたしたちの地上の乾いた土壌に注がれます。

しかし、この公会議の宗教的な力を探るときに、ある大事なことを見過ごしてはなりません。すなわち、この公会議は、現代世界を探求するほど強力なものであったということです。おそらく教会は、この教会会議のときほど、自分の周りに広がる人間社会を知る必要性を感じたことはないでしょう。教会は、いわば人間社会に近づき、正しく評価し、そこに自らを置き、それに奉仕し、福音の知らせを伝え、そして人間社会を熱く求め、たえず目まぐるしく変わってゆくものに順応する必要性を感じたのです。こうした精神のあり方は、教会がこれまでの時代、前世紀と、とくに今世紀に、世俗文化から分離したことで生じたものであり、また、救いをもたらすという教会の主要な任務がどんなときにも求めるものですが、公会議において、効果的にたえず保持されています。そのため、ある人々はこんな疑問を投げかけています。公会議を進めた人々やそこで採択されたことがらは、過剰に、寛大すぎるほどに「相対主義」的な方向に傾いてしまい、この思想に基づき、教会外の世界や、はかなく移ろいゆくもの、人類の文化において力を増している新技術、他者への気遣いから生じる必要にこだわり、それに伴い、大多数の人が受け入れる教えが負うべき信頼性を損ない、公会議に固有のものでなければならない宗教的精神や意志を失ってしまうのではないかとの疑念を抱いているのです。しかし、公会議の真実かつ隠れた配慮と正真正銘の活動が顧みられるならば、そうした行き過ぎの責任を公会議に帰する必要はないと思います。

むしろわたしは、公会議の要《かなめ》は、まずもって愛であったことに注目したいと思います。その特別で明確な意志ゆえに、公会議は、非宗教的であったとか、聖なる福音を欠いていたとはだれもいえません。実際、キリストご自身がわたしたちに、もし互いに愛し合うならば、あなたがたがわたしの弟子であることを皆が知るようになる（ヨハネ13・35参照）と教えたことを思い出しましょう。また使徒たちの次のことばを、わたしたちの魂の中に響かせましょう。「みなしごや、やもめが困っているときに世話をし、世の汚れに染まらないように自分を守ること、これこそ父である神のみ前に清く汚れのない信心です」（ヤコブ1・27）。「目に見える兄弟を愛さない者は、目に見えない神を愛することができません」（一ヨハネ4・20）。

事実、公会議に集められた教会は、教会自体や、神とつながるきずなとは別に、人間についても集中的に考察しました。考察したのは、現代にあって注目すべきものとしての人間です。すなわち、実際に生きているものとしての人間、自分を高めることだけに専心しているものとしての人間、あらゆる熱意がそこへと向かう一点、いわばある種の中心にふさわしい者として自らを評価するばかりでなく、自らをすべての事物の原理であり根拠であると、おそれることなく肯定するものとしての人間です。最近の用語を使うなら、現象としての人間全体、無数の精神的ありようをまとった人間が、公会議教父たちの前に現れたのです。もちろん教父たちも人間であり、皆司牧者であり兄弟であって、熱心な配慮と深い愛情を備えています。そんな教父たちの前に現れたのは、自らの悲しむべき運命に激しく不平をいう人間、昔も今も他者を自分の下に置いて評価し、それゆえ、たえず揺れ動き、繕い、自己に執着し、荒々しい人間、自分に不満で嘲笑したり涙を流したりする人間、多才で何でもできてしまう人間、科学の探求にのみ精力的に従事する人間、「実を結ぶ若木」（創世記49・22）のように考え、愛し、汗だくになって働き、いつも何かを気遣う人間、幼いころの無垢、貧しさの神秘、病気がもたらす敬虔など、ある種の聖なるきずなによって考察されるべき人間、あるときには自分自身に過剰にこだわり、あるときにはつながりに飢える人間、現代を賛美すると同時に次代を期待し、過去よりも次代のほうが幸いであると夢見る人間、一方では原罪を抱え、他方では聖なる習慣で飾られた人間などです。人間性に関する世俗的熱意は、実に巨大な姿でもってついに現れ、いわば公会議に挑戦してきました。人となることを望んだ神への祭儀である宗教と、神となることを望む人間への祭儀である宗教――宗教だといえるものです――とが、互いに競り合っているのです。とはいえ、何が起こったのでしょうか。競争ですか、闘争ですか、排斥ですか。その可能性は確かにありましたが、そうはならなかったことは明白です。よいサマリア人の話は古くからの模範であり、この公会議の精神的理念を方向づける規範です。実際、人々に対する深い愛が、公会議を奥から貫いています。調べて、繰り返し考察すれば、地上の子らが増加するにつれ、ますます入手困難になる人類の必要は、公会議の熱意を持続させました。現代の人間性の礼賛者であり、事物の自然本性を超えた真理を拒否している皆さん、少なくともこれについての賛美を公会議に向けてください。人間性に関するわたしたちの新たな熱意を認めてください。実際わたしたちもまた、むしろだれにもまして、人間の礼賛者なのです。

このすばらしい会議は、人間性の中に何を洞察したのでしょうか。神の光に伴われて、何を知ろうと努めたのでしょうか。公会議が洞察しようとしたのは二つの面、すなわち、人間の弱さとその尊厳です。つまり、人間が不治の病として苦しむ最大の悪と、神秘的な美しさと並外れた卓越性を特徴とする持続的な善の両面です。この公会議が人間について判断を下す場合に、見つめるべき悲しい面よりも明るい面を扱ったことは真実であると、はっきり認めなければなりません。もちろんそのことで、公会議はあらゆることを意識的に最善の部分に着眼して解釈したと認めなければなりません。公会議は現代人に、多くの熱意と驚嘆をもたらしました。確かに誤謬が拒否されましたが、ちょうど真理自体が要求するように、愛がそれを求めました。むしろ人々に、いつも思いやりと愛のおきてを保ちながら、誤謬について大いに忠告しました。もちろん、魂を落胆させる病気の診断の代わりに、慰めに満ちた健全な治療を前面に出したことも事実です。また公会議は、いろいろと不吉なことを物語るのではなく、希望の知らせと信頼に満ちたことばで、負の記憶をもつ人々に、役に立つことについて語りかけたのも事実です。実際公会議は、現代人にとって価値あることを、単に当然の敬意を払うばかりでなく、むしろ大いに名誉あるしかたで提唱し、人間のあらゆる試みと熱意がある種の健全さに至っていることを確認し、それをしっかりと認めました。

ですからご覧ください。若干の事例を挙げましょう。今日至るところで使用されている無数の言語が聖なる典礼儀式に導入され、人間のことばが神へと、神のことばが人間へと振り向けられました。より多くの権利を追求する人間の、人間としての自然本性的な傾向と、そしてまた人間の本性を超えた運命も認められました。人が心底願うこと、すなわち、生きることはもとより、人間の尊厳、真の自由、教育の機会、社会環境の刷新、正義、平和を享受すること、これらすべてがいわば改善され、より豊かな発展へと招かれました。さらに、全人類が、本来受け入れるべき福音の光へと招かれました。ある人々は司牧者となるようにという声で、ある人々は社会の中で「聖なる」働き手となるようにという声で招かれました。今、わたしは非常に簡潔に、公会議で審議された、人間の真の繁栄に関する多岐にわたるあまたの問題について語りました。現代生活のあらゆる緊急な問題を解決することを、公会議は課題とはしませんでした。それらのうちの少なからざる問題は、教会が後に進める慎重な探求にゆだねられます。それに対して他の多くの問題は、非常に簡潔かつ一般的に扱われたため、詳細な説明と多様な結果を受け入れる余地があります。

しかしここで、次のことに注意を向けるのは有益です。教会はその教導権によって、たとえ教えの要点を特別な教理用語で定義しようとしなかったとしても、多くの問題について権威をもって自らの教えを提示しました。その教えは、人々が自分の良心と行動原理を形成するための規範となるものです。さらに教会は、今述べているとおり、現代の人々と対話を始めました。そして、つねに権威と道徳を保ちながらも、語り方自体を平易で親しみやすいものにしました。この語り方は、司牧的愛に固有のものです。実際教会は、人々に聞かれ、理解されることを望みました。そのため、知識人にのみ語りかけるのではなく、今日会話で普通に用いられるようなことばを使用しました。そのことばが依拠する実際の生活や人間の健全な感覚から、人を引きつけたり納得させたりする大きな力をくみ取ります。すなわち教会は、まさに今あるとおりの現代の人々と対話しています。

また別に、こんなことも考えられます。教えを伝える豊かな機会にとくに着眼するのは、人生にかかわるあらゆることがら、人間の弱さ、人間の必要において人々に奉仕するためです。ある意味で教会は、人類のはしためであると宣言しました。それはもちろん、教会の教導権や司牧上の指導が、公会議の荘厳な開催のために、より明るい光、より強い力をまとって自らを示したときにそう宣言したのです。それどころか、奉仕を実践すべきという提言は、実に特別な場を占めました。

いったい、公会議について述べたすべてのこと、また加えて人間的なことがらに関して述べたことが、公会議開催中に教会の精神を、人間だけで成り立つ現代精神の崇拝へとそらしてしまったのでしょうか。その疑問に対してはいわなければなりません。教会は正しい道から外れてはおらず、むしろその方向へと導きました。しかし、公会議が人間的で地上的な善を考察した熱意を適切に評価する人は、このような熱意は、公会議が自らに固有な仕事として認めようとした司牧的配慮に属すべきものだと認めざるをえません。また、この同じ熱意が、宗教的な真の熱意と決して切り離せないことを認めなければなりません。というのも、内から働きかける慈愛――愛のあるところに神がいます――のゆえでもあり、あるいは、公会議がいつも確認し前進させてきた、強いつながりのゆえでもあります。そのつながりは、人間的で地上的な善が、真に霊的で宗教的で永遠である善との間にもつものです。教会は人間と世界に向かっていますが、しかし同時に、神の国へも高められています。現代の人々は、物事の重要性をその利点から量りがちな精神のあり方をしているのですから、公会議の重要性と意義を認めなければならないはずです。少なくとも公会議は、人間にとっての共通の利益をとくに考察したからです。したがってだれも、カトリックの信心が無益であるとは断定できません。カトリックの信仰は、その活動の形式をもっとも理解可能で効果的なものとして表明するとき――公会議を開催するときがそうです――、それは人間のために存在すること、そして人間に役立つものを支持するものであることを明白に宣言します。その人間の役に立つものが現に役立っているならば、カトリックの信仰と人間生活とが互いに親密なきずなで結ばれていると、実際に認めなければなりません。そして両者はともに、一つの人間的な善に向かって共鳴するものであることを認めなければなりません。すなわち、カトリックの信仰は人間性のためのものであり、ある意味で人間性が生きることなのです。生きることはもちろん、カトリックの信仰が人間に関して伝える、あらゆる面で完全な最高の教えに由来するといわなければなりません（人は、自分を省みないなら、自分自身にとってさえ謎めいた存在ではないでしょうか）。実際、神に関してもつ知識からそれをくみ取っているからです。確かにわたしたちは、人間、それも真実の人間、健全な人間を内奥から理解するには、まず神ご自身を前もって知る必要があります。このことを証明するには、今はシエナの聖カタリナの燃えるような次のことばを思い起こせば十分です。「永遠の神よ、あなたの本性の中で、わたしの本性を知らしめたまえ」。カトリックの信仰は生きることです。人間の本性と人間の最高目的を示し、より充実した意味を人間に与えるからです。また、生きることの最高の法則として保たれるべきものであり、生きることを神的なものにする秘められた力を生自体に送り込むものであるからです。

尊敬する兄弟であり、愛する息子の皆さん、ここにおられるすべての皆さんは、あらゆる人の顔に、とりわけその顔に涙と痛みが明らかであるならば、そこに人の子キリストのみ顔を認めなければなりません（マタイ25・40参照）。そしてもし、「わたしを見た者は、父を見たのだ」（ヨハネ14・9）と書いてあるとおり、キリストのみ顔のうちに天の父のみ顔を見るならば、人間的なことがらを評価するわたしたちの方法は、キリスト教的なものへと変えられます。すなわち全体が、ちょうど中心に向かうように神へと方向づけられます。次のようにも表現できます。すなわち、神を知るには人間を知る必要があるのです。

したがって、とくに熱意をもって人間に関心を集中したこの公会議は、現代世界に、いわば段階的に向上するための、自由と慰めを提示したのではないでしょうか。公会議はわたしたちに、神を愛するため、単純で新しく厳粛な理念でもって人間を愛することを教えたのではないでしょうか。人間を愛するということは、手段としてではなく、人間的なことがらを超えた究極の目的に到達するための、最初の目的として愛するということです。そこで公会議全体は、次のような宗教的な意味で理解され表現されます。すなわち、力強く親しみのある一種の招きであると。それによって、人類は友情の力をもって神を見いだすよう招かれています。「神に背くことは倒れることであり、神に向き直ることは起き上がることであり、神にとどまることはともに立つことであり、……神に立ち帰るとは生き返ることであり、神の中に住むことは生きることである」（聖アウグスティヌス『ソリロキア』*Soliloquia*, 1, 3: PL 32, 870）。

この希望をもってわたしは、第二バチカン公会議を終わり、公会議が考察し促進するよう自らに提案した、人間的で宗教的な刷新を始めたいと思います。尊敬する兄弟であり公会議教父である皆さん、これが実現することをわたしは確信しています。全人類に同じことが成就するよう希望しています。全人類をよりいっそう愛し、よりよく奉仕することを、わたしたちはここで学びました。

最後に、この教会会議の守護者である洗礼者聖ヨハネと聖ヨセフ、聖なる教会の土台であり保護者である聖ペトロと聖パウロ、また、今日が祝日であり東西教会を結びつける立場にある聖アンブロジオに、この希望が実現しますよう、あらためて取り次ぎを願います。同じく、キリストの母である幸いなるおとめマリアの助けを、心から懇願いたします。マリアをわたしたちは「教会の母」とも呼びました。そして、声を一つに、心を一つにして神に感謝をささげ、生けるまことの神、唯一至高の神、父と子と聖霊の栄光を賛美いたします。アーメン。

公会議閉会のミサ説教

パウロ六世

一九六五年十二月八日

枢機卿の皆さん。尊敬する兄弟の皆さん。

諸国の代表である皆さん。ローマの町の皆さん。

世界各地の首長と市民の皆さん。

そして、実に多くのキリスト教団体に属するオブザーバーの皆さん。

ここに参列している信徒の皆さん。さらに、全世界に散らばり、信仰と愛においてわたしたちと一致している皆さん。

この聖なるミサが終わってすぐに、いくつかのメッセージの朗読を聞いてください。それはこの公会議が、その作業を終えるにあたって、さまざまな立場のかたがたに向けたメッセージであり、その中で、数知れない人生のかたちを努めて考察しています。さらに、わたしの公式の教令の朗読も聞いてください。それをもって、第二バチカン公会議の終結を宣言します。それゆえ今は、短い時間ではありますが、あいさつの時です。その後、わたしの声はやむでしょう。公会議は完全に終わります。このはかりしれない、非日常的な会議は解散となります。

それゆえ、わたしが皆さんに向けるあいさつは特別な意味をもっていますが、それを示すのは、皆さんを祈りから遠ざけるためではなく、この祭儀に意識をいっそう集中していただくためです。

このあいさつは、何より普遍的なものです。この聖なる儀式に出席し参列している、皆さんに向けられています。司教職にある尊敬する兄弟の皆さん、代表者の皆さん、神の民の皆さん、そして全世界の人に広がってゆきます。この公会議は全教会的、すなわち普遍的なものと定められましたが、そうである以外、どのようなしかたでありえたでしょうか。鐘の音が天に響き渡り、その音波の広がりの中にあるすべての人に到達するように、わたしのあいさつも、この瞬間にすべての人に向かいます。それを受け入れる人々、それを受け入れない人々、各人の耳に反響し、迫ってきます。このローマ・カトリック教会の中心から、もともと到達することのない人はいません。初めから、すべての人に到達しえますし、到達しなければなりません。だれもカトリック教会と無縁ではありません、だれも排除されません。だれも遠く離れていません。わたしのあいさつが届くすべての人は、呼ばれている人であり、招かれている人であり、ある意味で、そこにおられる人です。愛する心がこう語ります。愛されている人は皆、そこにおられます。わたしも、とりわけこの瞬間に、わたしの普遍的で司牧的使徒的な立場から皆さんを、皆さんを愛しています。

それゆえわたしはこのあいさつを、善良で忠実な皆さんに、この集まりには直接参加していなくとも、心によって、祈りによって、ここに集っている信者とすべての人に送ります。教皇は皆さんのことも思い起こし、普遍的な交わりにあるこの最高の瞬間を、皆さんとともにお祝いしています。

わたしはこのあいさつを、病に苦しむ皆さんに送ります。皆さんは自分の病によって不自由になっています。そして、もし皆さんにとって、このわたしの心からのあいさつの慰めが不足していたならば、精神的な孤独のために、皆さんの痛みは二重に感じられることでしょう。

またこのあいさつを、とりわけ、自分の過失によってではなくこの公会議に来られない、司教職にある兄弟の皆さんに送ります。今も兄弟たちの列の中に空きが残っていますが、さらに彼らの心の中、わたしの心の中にも空きの部分が残っています。この空きは、わたしたちに大いなる苦しみを与え、またあなたがたの自由を束縛する不正を告発しています。その不正さえなければ、あなたがたはわたしたちの公会議に来られたのです。兄弟たち、あなたがたにあいさつを送ります。あなたがたは、いまだに、沈黙のうちに、抑圧のうちに、不正に拘束されています。あなたがたは、誠実な人々すべてに約束されている、正当で不可侵の権利が欠如した状態にあります。であれば皆さんはなおさら、善と敬虔と平和の働き手にほかなりません。不自由で屈辱的な状態にある兄弟たちよ、教会はあなたがたとともにいます。あなたがたの信徒たちとともに、つらい状況の中であなたがたと結ばれている人々とともにいます。これが世界の市民たちの共通理解にもなりますように。さらにこのわたしの普遍的なあいさつは、わたしたちを知らない人々、わたしたちを理解しない人々、わたしたちを役に立つ必要な友人として認めない人々、それどころか、よいことをしていると考えてわたしたちに反対する人々にさえ向けられています。誠実なあいさつ、控えめですが希望に満ちたあいさつです。この日に、どうぞ信じてください。敬意と愛に満ちたあいさつであると。

これがわたしのあいさつです。しかし、わたしの話すことを注意深く聞いてください。わたしは皆さんに、わたしのあいさつがどのようなものであるかを考えるよう求めます。わたしのあいさつは、親近感を生むことや会話を終わらせるのに役立つ世俗的な交際のあいさつによって普通に生じる何かとは異なり、それぞれの感覚やそれぞれの声を引き出す精神的な関係を強めたり、必要ならば生み出したりすることを目指しています。わたしのあいさつは、引き離す別れの辞ではなく、とどまる友情であり、場合によっては、今生まれようとする友情です。それどころか、この最後の宣告の中では次の点が独特です。わたしのあいさつは、一方で、各自の心に達し、心のこもった客として皆さんの中に入り、各自の精神の内面の静寂において、つねに繰り返される、えもいわれぬ主のことばを語ろうとします。「わたしは、平和をあなたがたに残し、わたしの平和を与える。わたしはこれを、世が与えるように与えるのではない」(ヨハネ14・27)。(キリストは心の奥にささやきかける独特の語り方をもっています)。他方で、わたしのあいさつはまた、別の上位のつながりを目指しています。なぜならそれは、わたしたち、この地上の民族どうしの互いの声のやり取りであるばかりでなく、別の現存者、すなわち、目に見えませんが、しかし、人間関係という織物の中で働いている主ご自身を問題としています。そのかたを招き、そのかたに願います。あいさつを送る側とあいさつを送られる側のうちに、新しい善——その筆頭で最上のものは愛です——をもたらしてくださるよう願います。

これがわたしのあいさつです。それによって、わたしたちの心の中で神の愛の火花がともりますように。この火花が、公会議が示した原理、教え、提言に火をつけ、愛によって大きく燃え上がらせることで、教会の中、世界の中で、考え方、行動、習慣、道徳的能力、喜び、希望、それらの刷新——これこそが公会議の目的です――がまことに実現しますように。

それゆえ、わたしのあいさつは理想を述べるものとなります。それは夢でしょうか。詩でしょうか。お祝いの際によく見られるような、型どおりの空虚な誇張でしょうか。いいえ、違います。理想ではありますが、非現実的ではありません。今一度、皆さんの意識の集中を願います。わたしたち人間は、人生の理想についての思いや願いを表明する際、直ちに空想、戯画的なレトリック、幻想、幻滅の中に自分自身を見いだします。人間は理想的で全き完成への消せないあこがれをもっていますが、自分自身ではそこに達することができません。おそらく概念の上でも達することができないでしょうし、ましてや経験や現実の上では到達できないでしょう。それは分かっています。これは人間のドラマ、没落した王のドラマです。しかし皆さん、この朝に何が起きているかに注目してください。公会議を閉じるにあたり、わたしたちは至聖なるマリア、キリストの母、別の機会に語ったとおり、神の母、わたしたちの霊的母を祝っています。至聖なる汚れなきマリア。それゆえ無垢で、驚愕《きょうがく》に値し完全なるかた、貴婦人、理想的であると同時に現実的な真の貴婦人です。この被造物においては、神の似姿は限りなくはっきりと反映し、他の人類に起こるような混乱は起きません。

おそらくわたしたちの視線を、わたしたちの姉妹であると同時に天上の母であり女王、無限の美を映す、曇りのない聖なる鏡であるこの謙虚な貴婦人に据えることで、公会議におけるわたしたちの霊的な上昇と、この最後のあいさつを終わらせることができるのではないでしょうか。そして、わたしたちの公会議後の作業を始めることができるのではないでしょうか。汚れなきマリアのこの美しさは、わたしたちにとって霊感を与える一つのモデルにならないでしょうか。慰めを与える希望とならないでしょうか。

わたしに耳を傾けている兄弟の皆さん、子である皆さん、その他の立場の皆さん、わたしは、わたしにとっても、皆さんにとっても、そうであると思っています。このあいさつが、さらに気高く、神が望まれる、さらに意義あるものとなりますように。

現代人に送る公会議のメッセージ

一九六五年十二月八日

尊敬する皆さん。

出発と解散の時を知らせる鐘が鳴り響いています。間もなく皆さんは、公会議の議場を去って人々のもとに帰り、キリストの福音と、わたしたちの四年間の働きの結果である教会の刷新についての、喜ばしい知らせを伝えるのです。

今こそ比類のない瞬間です。たとえようもない意義と豊かさとにあふれた瞬間です。この全世界的会議の場に、この特別な時間と空間に、過去と現在と未来が収斂《しゅうれん》しています。ここに過去があるというのは、ここにキリストの教会が、その伝統と歴史と公会議と教会博士と聖人たちとともに集まっているからです。現在があるというのは、わたしたちは今、互いに別れを告げて、現代世界へと出て行くからです。この世界は、悲惨と苦しみと罪にうちひしがれていると同時に、驚くべき成功、価値、長所を備えています。そして未来は、よりいっそうの正義を求める人々の無条件の声のうちに、平和への願いのうちに、より高い生活への、意識的あるいは無意識的な渇きのうちにあります。このより高い生活をまさに人々に与えることができるのはキリストの教会であり、教会もそれを望んでいます。

世界中の至るところから、当惑した膨大なざわめきが聞こえてくるかのようです。それは公会議を見守るあらゆる人の問いかけです。彼らは不安を抱きながら尋ねます。「あなたがたはわたしたちに対して語りかけないのですか」。「わたしたち」とは、政治家、あるいは知識人、労働者、芸術家、あるいは女性、若者、病気の人や貧しい人のことです。

こうした嘆願の声に、こたえないままではいられません。あらゆる立場の人のためにこそ、公会議は四年間働いてきました。あらゆる立場の人のためにこそ、『現代世界憲章』を作成しました。わたしは昨日、出席した皆さんの大きな拍手の中、それを公布しました。

キリストと教会に関するわたしたちの長い考察から、今こそ、待ち望む人々に対して、平和と救いを告げる第一声が発せられなければなりません。公会議は、解散の前にこの預言的な任務を果たし、世界にあてた「よい知らせ」を、簡潔に、だれにとっても近づきやすいことばで伝えたいと願います。今から何人かのふさわしい通訳が、皆さんに代わって全人類にこの「よい知らせ」を送ります。

各国政府に対して

この荘厳なる機会、すなわち、わたしたち、カトリック教会の第二十一回目の公会議の教父たちが、四年間の祈りと作業を終えて解散するこの時点において、人類に対するわたしたちの使命を十分に自覚しつつ、この地上において人々の運命をその手に握り、地上の権力を託されている人々に、尊敬と信頼をもって訴えます。

わたしたちは率直に表明します。あなたがたの権威とその主権とを尊敬します。あなたがたの職務を尊重します。あなたがたの定めた法律を正当と認めます。その法律を作成し施行する人々に敬意を表します。しかしあなたがたに、ぜひともいわなければならないことがあります。神だけが偉大です。神のみが原理であり、目的です。神のみがあなたがたの権威の源であり、あなたがたの法律の基礎であるということです。

地上に秩序をもたらし、人々の間に平和を推進することは、あなたがたの責任です。しかし、忘れてはなりません。生きている真の神こそが、すべての人の父であることを。また、その永遠の子キリストこそが、わたしたち皆が兄弟であることを知らせ理解させるために、この世に来たことを。キリストこそ、地上の秩序と平和の偉大な職人です。なぜなら、キリストこそが人間の歴史を導くからです。キリストこそが、戦争と悪事を引き起こす悪い情熱を拒否するよう、人々の心を動かすことができます。人々の糧を祝福するのはキリストです。人々の労働と苦しみを聖化するのはキリストです。あなたがたには与えることのできない喜びを人々に与え、あなたがたには慰めることのできない痛みの中で力づけます。

あなたがたの地上的で一時的な国家のうちに、キリストは霊的で永遠の国、すなわち教会を、神秘的なしかたで建設します。そしてこの教会は、あなたがた地上の権力者たちとの約二千年にわたるさまざまな交渉を経て、今日のあなたがたに対し、何を求めているのでしょうか。教会はそのことについて、この公会議の重要な文書の一つで語りました。教会があなたがたに求めるのは、自由だけです。信じることとその信仰を説く自由、神を愛し神に仕える自由、生きることの自由と人生のメッセージを人々に伝える自由です。心配しないでください。教会はその主人の似姿です。その主人の不思議な働きが、あなたがたの特権を侵害することはありません。それどころか、不可避なはかなさから人類全体をいやし、変容させ、希望と真実と美で満たします。

社会に対するキリストの、この浄化の働きを妨げないでくださいキリストを十字架につけないでください。それは冒瀆となります。なぜなら、キリストは神の子だからです。それは自殺行為となります。なぜなら、キリストは人の子だからです。そして、取るに足りない奉仕者であるわたしたちが、この公会議の間中ずっと考察してきた平和の福音「よい知らせ」を、至るところで広めるのを妨げないでください。あなたがたの民は、その最初の受益者となるでしょう。なぜなら教会は、あなたがたのために国民を忠実なものにし、社会平和と進歩の友とするからです。

第二十一回目の公会議を閉じようとするこの荘厳な日に、教会はわたしの口を通じて、あなたがたに友情、奉仕、霊的で道徳的なエネルギーを提供します。教会は、あなたがたすべてに救いと祝福を届けます。あなたがたも、教会が提供するのと同じように、喜びと誠実の心でそれを受け取り、あなたがたの国民全員に伝えてください。

思想家や科学者に対して

特別なあいさつを真実の探求者である皆さんに送ります。皆さんは思想家であり、科学者です。人間と世界と歴史の探検者です。あなたがたは皆、光に向かう巡礼の途上にありますが、時に挫折し、疲れ、探求のむなしさに失望します。

なぜあなたがたに、特別なあいさつを送るのでしょうか。それは、わたしたちは皆、ここで、公会議教父である司教として、真実に耳を傾けているからです。わたしたちの四年間の努力が、教会にゆだねられた真理のメッセージをより注意深く探求し深めることでないならば、何であったのでしょうか。真理の霊に対する、より完全に従順な努力でなかったならば、何であったのでしょうか。

したがって、わたしたちがあなたがたに出会わないことはありえませんでした。あなたがたの道は、わたしの道です。あなたがたの探求の小道は、決してわたしたちの小道と異なってはいません。わたしたちはあなたがた研究者の友であり、疲れたあなたがたの仲間であり、あなたがたの成果の賛嘆者であり、必要なときには、あなたがたの落胆と失敗の慰め役ともなります。

それゆえ、あなたがたにもメッセージがあります。すなわち、倦《う》むことなく、決して真理に絶望することなく、探求し続けてください。あなたがたの偉大な友の一人である、聖アウグスティヌスのことばを思い起こしましょう。「見いだしたいという願いをもって探求しましょう。そして、さらに探求したいという願いをもって見いだしましょう」。幸いなるかな、真理を所有しながら、さらにそれを探求する人々。彼らがそうするのは、それを刷新し、深め、他者に与えるためです。幸いなるかな、それを見いだしていなくても、誠実な心で真理に向かって歩む人々。彼らは今日の光に照らされながら明日の光を探し求め、光の充実へと向かってゆくのです。

しかし、忘れてはなりません。考えることが偉大なことならば、考えることはまず義務です。災いなるかな、光に対して自ら目を閉じてしまう人々。考えることはまた責任でもあります。災いなるかな、精神を落ち込ませ、おごらせ、欺き、ゆがめる、たくさんのまがい物によって精神を暗くしてしまう人々。科学者にとっての基本原則とは何でしょうか。正しく考えるよう努めることに他ならないのではないでしょうか。

このため、わたしたちはあなたがたの歩みを惑わしたり、あなたがたのまなざしを曇らせたりすることなく、わたしたちの神秘的なともしびを提供しましょう。それは信仰です。わたしたちにこれをゆだねたかた、それは思索のための最高の教師です。わたしたちは、そのかたの取るに足りない弟子です。このかただけが、「わたしは道であり、真理であり、いのちである」とおっしゃいましたし、おっしゃることができたのです。

このことばは、あなたがたに関するものです。神の恵みによって、今日ほど、まことの科学とまことの信仰とが深く一致する可能性がはっきりと見えてきたときはありません。この両者は、同一の真理に奉仕しているのです。この貴重な出会いを妨げてはなりません。信仰を頼りにしましょう。信仰は、知性の偉大な友です。真理を、真理全体を把握するために、その光に照らされましょう。以上が、公会議でローマに集まった全世界の教父たちが、別れるに先だって皆さんに表明する願いであり、励ましであり、希望です。

芸術家に対して

次に、芸術家の皆さんです。あなたがたは美に夢中になり、美のために働いています。詩人、文学者、画家、彫刻家、建築家、音楽家、演劇人、映画人……。皆さんに対して公会議の教会は、わたしたちの声を通して語ります。もしあなたがたが真の芸術の友であるならば、あなたがたはわたしたちの友なのです。

教会は、ずっと昔からあなたがたとつながっています。あなたがたは、聖堂を建て飾ってきました。教えをたたえ、典礼を豊かにしてきました。あなたがたは、神からのメッセージを形や象徴によって表現したり、目に見えない世界を把握できるようにしたりして教会を助けました。

これまで同様今日も、教会はあなたがたを必要とし、あなたがたのほうを向いています。教会はあなたがたに、わたしたちの声を通して語っています。何よりも、豊かなつながりが断ち切れないようにしてください。あなたがたの才能を、神の真理への奉仕に役立てることを拒否しないでください。あなたがたの精神を、聖霊の息吹に対して閉じないでください。

わたしたちが生きているこの世界は、絶望に陥らないために美を必要としています。美は真理と同様に、人々の心に喜びをもたらすものです。時間の経過によって消耗することのない、高価な実りです。諸世代をつなぎ、感嘆を伝えます。それは、あなたがたの手によって作られます。

どれほどその手は、純粋で私心のないことでしょうか。覚えていてください。あなたがたは、世界における美の守り手です。この意識があれば、真の価値をもたない束《つか》の間の好みから解放され、奇をてらった表現や作法に外れた表現を追いかけることから自由になるのに十分です。

いつも、至るところで、あなたがたの理想にふさわしい者であってください。そうすれば、あなたがたは教会にとってもふさわしい者であるでしょう。教会はわたしの声で、今日、あなたがたに友情と救いと恵みと祝福のメッセージを送ります。

女性に対して

さらにあいさつを送るのは、あらゆる境遇の女性です。娘、妻、母親、寡婦《かふ》、さらに奉献されたおとめたちや独身の女性です。あなたがたは、人類という大家族の半数を占めているのです。

ご存じのとおり教会は、女性の地位を向上し、自由にし、何世紀にもわたって、多様な役割において男性と生まれつき平等であることを明らかにしたのを誇りに思っています。

しかしながら、女性の使命が十全に満たされるときが来ますし、すでに来ているのです。そのとき、女性は社会においてこれまで決してもたなかった、影響力、光、力を獲得するのです。

だからこそ、人類がある非常に深刻な変動に気づいているこのとき、福音の精神が浸透した女性は、人類が品格を失わないよう大いに助けとなります。

あなたがた女性は、いつも本分として家を守り、生活の資源を大事にし、子どもが休む揺りかごとなります。あなたがたは、生命の始まりの神秘に立ち会います。あなたがたは、死への旅立ちにおいて慰めとなります。現代のテクノロジーには、非人道的なものとなる危険があります。あなたがたは、人間と生とを調和させます。そして何よりも、人類の将来を注意深く見守ってくださるよう、あなたがたに嘆願します。狂気の一瞬に、人間の文明を破壊しようと試みる者の手を押しとどめてください。

あなたがたは、妻として、家庭の母として、人目につかない、家の奥での人類の最初の教育者として、息子や娘たちに父祖からの伝承を伝えると同時に、予測できない未来に備えさせます。いつも覚えておいてください。一人の母はその子どもたちを通して、自分は見られないであろう未来に属しているということを。

また独身の女性も、献身的な生き方という使命を果たすことができるのだと、よく知っていてください。社会の至るところで、あなたがたは呼ばれています。家庭でさえも、家庭をもたない人々の助けなくしては維持できません。

とりわけ、奉献されたおとめである修道女の皆さん、エゴイズムと楽しみの追求に支配されているかのようなこの世界にあって、あなたがたは純粋さと私心のなさと敬虔さとを守る者であってください。夫婦愛を完全なものにしたイエスは、無限の愛とすべての人への奉仕のための、この人間的な愛の放棄をも昇華しました。

最後に、試練にある女性たちに。マリアのように十字架のもとでたたずむあなたがた、歴史の中で幾度も、最後まで戦い、殉教に至るまでのあかしをする力を与えてきたあなたがたは、忍耐を保ち、つつましい出発を大切にして、人々が再び偉大な目的に向かう勇気をもてるよう助けてください。

女性たち、あなたがたは真理を甘美な、優しく、近づきやすいものにすることを知っています。ですから、この公会議の精神を、さまざまな施設や学校、家庭、また日々の生活に浸透させるよう努めてください。

全世界の女性の皆さん、キリスト者であろうと非キリスト者であろうと、歴史上きわめて重大なこのときに、いのちはあなたがたにゆだねられています。世界の平和を救うのはあなたがたです。

労働者に対して

この公会議中、わたしたち、五大陸から集まったカトリックの司教たちは、他のさまざまな問題の中で、現代世界の経済的社会的条件が人間の自覚に提起する重要な問題について、一緒に反省しました。すなわち、諸国家の共存、軍備の問題、戦争と平和の問題です。そしてわたしたちは、この問題に対して与えられる回答が、全世界の労働者の具体的な生活に及ぼす、いろいろな影響を十分に理解しています。そこでわたしたちの討議の終わりにあたって、信頼と平和と友情のメッセージを労働者の皆さんに送りたいと願っています。

親愛なる皆さん、どうぞまず分かってください。教会があなたがたの苦痛や闘い、希望を知っていることを。あなたがたの魂を高潔なものにするいろいろな徳を、教会は高く評価しています。すなわち、勇気、献身、職業的自覚、正義への愛です。それぞれの持ち場において、しかも、しばしばきわめて薄暗い場所や蔑《さげす》まれるような場所で、皆さんが社会全体に多大に貢献していることを、教会は十分に認めています。

教会は、わたしたちの声を通して皆さんに感謝いたします。

この数年間、教会は、複雑化し続ける労働界の諸問題をたえず気にかけてきました。そして最近のいくつかの回勅が皆さんの間に呼び起こした反響は、今日の労働者の魂が、どれほど最上の精神的指導者たちの魂に一致していたかを示しています。

その比類ないメッセージで教会の遺産を豊かにした教皇ヨハネ二十三世は、あなたがたの心の中に入ってゆくことができました。教皇は自ら、世界平和の土台となる真理、正義、自由、慈愛に対してだけでなく、労働者に対する教会の愛情すべてをはっきりと示しました。

あなたがた労働者に対する教会のこの愛情に関して、わたしたちもあなたがたに対して証人になりたいと思います。わたしたちの魂の確信を、きっぱりとあなたがたに申し上げます。教会は、あなたがたの友です。教会を信頼してください。悲しい誤解のために、過去わたしたちの間には、非常に長い間不信と無理解がありました。教会と労働階級とは、互いに耐えてきました。今日、和解の時が訪れています。公会議の教会は何ら下心なく、その和解を祝うよう皆さんを招いています。

教会は、いつも皆さんをよりよく理解しようと努めています。しかしながら皆さんも、教会が皆さん労働者にとって何であるかを理解しようと努める必要があります。皆さんは、今日人々が目にしている、驚くべき変化の主要な作り手なのです。というのも、皆さんがよく知っていることですが、力強い霊的なインスピレーションがそうした変化を維持させなければ、その変化は、幸せをもたらす代わりに、人類に災いをもたらします。この世を救うのは憎しみではありません。人間の飢えを満たすのは、地上のパンのみではありません。

それゆえ、教会のメッセージを受け入れてください。皆さんの道を照らすために教会が提供する、信仰を受け入れてください。それは、ペトロの後継者と公会議に集まった二千人の司教の信仰です。すべてのキリスト者の信仰です。この信仰が皆さんを照らします。この信仰が皆さんを導きます。この信仰が皆さんにイエス・キリストを知らせますように。このかたこそ、あなたがた労働者の友、師であり、全人類の救い主です。

貧しい人、病人、およびすべての苦しむ人に対して

さまざまな苦しみに見舞われ試練に耐えている兄弟の皆さんに、公会議は特別なメッセージを送ります。公会議は、時に高熱によって火照《ほて》り、時に疲れによってぐったりとしたあなたがたの哀願に満ちた目が、そのメッセージに向けられているのを感じています。あなたがたの問いかけるようなまなざしは、人間の苦しみの理由をあてどなく探求し、慰めが、いつ、どこから来るのかを、心配そうに尋ね求めています。

親愛なる皆さん、父であり牧者であるわたしたちの心の中で、あなたがたの嘆きとうめきの声が激しく鳴り響いているのを感じます。しかも、わたしたちの心痛は増すばかりです。というのも、わたしたちはあなたがたに身体の健康をもたらしたり、その身体的苦痛を軽減したりはできないからです。それは医師や看護師といった、病者のために献身的に働くすべての人の仕事です。そうしたかたがたが、苦痛を和らげ回復をもたらすよう努めます。

しかしわたしたちは、それよりももっと深く、もっと貴いものを、皆さんに差し上げることができます。苦しみの神秘に答えを与え、ごまかしでない安らぎをもたらすことのできる唯一の真理、すなわち、わたしたちの罪のため、わたしたちの救いのために十字架につけられた、神の御子、悲しみの人キリストへの信仰と一致です。

キリストは、苦しみを取り除きませんでした。わたしたちにその神秘を徹底的に明らかにすることも望みませんでした。キリストは、自ら苦しみを引き受けました。わたしたちがその苦しみの価値のすべてを知るには、それで十分です。

十字架の重みをひときわ強く感じておられる皆さん、貧しく、見捨てられている皆さん、涙を流している皆さん、正義のために迫害されている皆さん、沈黙している皆さん、苦しみにある見知らぬ皆さん、勇気を取り戻してください。あなたがたは神の国、希望と幸福と生命の国に、特別に招かれています。あなたがたは苦しむキリストの兄弟です。キリストとともに、あなたがたが望むならば、あなたがたは世界を救うのです。

これこそが、苦しみに関するキリスト教的理解です。平和を与える唯一の理解です。あなたがたは、自分たちが孤独ではなく、離れ離れでもなく、見捨てられてもおらず、無益でもないことを知ってください。あなたがたはキリストに呼ばれています。キリストの生きた曇りのない似姿です。キリストの名において、公会議はあなたがたに愛情をもってあいさつし、感謝し、教会の友情と助けを保証し、あなたがたを祝福します。

青年に対して

最後に、全世界の青年男女の皆さんです。公会議は、最後のメッセージを皆さんに送ろうと思います。なぜなら、先輩たちの手に掲げられた松明《たいまつ》を受け取り、歴史のきわめて大規模な変革の時にあたって、この世界を生きてゆくのは皆さんだからです。親や先生の模範や教えのよいところを受け入れながら、明日の社会を形づくるのは皆さんです。社会とともに自分たちを救うのか、それとも滅ぼすのか、それは皆さん自身にかかっています。

教会は四年間、その容貌を若返らせようと努めてきました。それは、教会の創立者であり、生きている偉大なおかた、永遠の若人キリストの思いによりよく応答するためでした。この壮大な「生の見直し」の終わりに、教会は皆さんに向かいます。教会が公会議を通して光をともそうとしているのは、とりわけ皆さん若者たちのためなのです。その光は、皆さんの未来を照らすものです。

教会が心砕いているのは、あなたがたが築き上げようとしているこの社会が、人々の尊厳、自由、権利を重んじることです。その人々とは、あなたがたのことです。

教会はとりわけ、この社会が、つねに古くつねに新しい教会の宝を生かしてくれることに心を配っています。その宝とは信仰です。そして、その慈悲深い光の中に、あなたがたの魂が自由に浸ることができますように。教会は信頼しています。あなたがたがそのような力と喜びを見いだし、誘惑に負けることのなかった一部の先輩たちのように、利己主義と快楽の哲学、絶望と虚無の哲学の誘惑に負けることのないよう期待しています。そして、疲労と老化の現れである無神論に対して皆さんは、人生と人生に意味を与えるもの、すなわち、正義であり善である唯一の神の存在の確実性に対する自分の信仰を、確かなものにできるはずです。

まさにこの神と御子イエスの名において、わたしたちは、皆さんが自分の心を世界の大きさに合わせて広げ、兄弟たちの呼び声を聞き、兄弟たちへの奉仕に若いエネルギーを振り向けるよう励まします。あらゆる利己主義と闘ってください。暴力と憎しみの本能のほとばしりを拒絶してください。それが、戦争とそれに伴う悲惨な状況を引き起こすのです。寛大で、純粋で、敬虔で、誠実でありなさい。そして、先輩たちよりも優れた世界を熱心に建設してください。

教会は皆さんを、信頼と愛情をもって見守っています。つねに生き生きとした過去をもちながら、時間の流れの中で、人類の完成と、歴史と生の究極の目的地へと歩を進める教会は、世界における真の青年なのです。教会は、若者の力と魅力を備えています。すなわち、始まりを喜ぶ能力、報いを求めずに与える能力、自らを新たにする能力、新たに獲得するために再挑戦する能力です。教会に目を向けてください。そうすれば、教会の中にキリストの面影を見いだすことでしょう。キリストはまことの英雄、謙虚で賢明であり、真実と愛の預言者、若者たちの仲間であり友人です。まさにキリストの名において、わたしたちは皆さんにあいさつし、皆さんを励まし、祝福します。

公会議閉会を告げる使徒的書簡

パウロ六世

一九六五年十二月八日

永遠の記憶のために。

聖霊によって集まり、幸いなるおとめマリア——わたしはあらためてマリアを教会の母と宣言しました——の助けと、その伴侶聖ヨセフ、そして聖なる使徒ペトロおよびパウロの助けによって保護された第二バチカン公会議は、疑いなく教会の最高の出来事に付け加えられるべきです。それは、次の三つの理由によります。まず、ぎっしりと詰まった参加教父たちの数です。彼らは全世界のあらゆる地域から、最近になって位階的秩序を設けられた地域からさえも、ペトロの座にやって来ました。それから、議題の豊富さです。さまざまな議題が、四つの会期に熱心に厳密に取り扱われました。最後に、時宜にかなって実に適切であったことです。この時代のさまざまな必要にこたえながら、とりわけ司牧に役立つことに向かい、一方、愛の炎をはぐくみながら、依然として使徒座との交わりのうちにないキリスト者たちばかりか、全人類家族に、兄弟としての心でかかわろうと大いに努めました。この至聖なる公会議に関するすべては、神の助けによって現在において完了したので、そして、すべての憲章、教令、宣言、決議が会議の審議によって承認され、正式にわたしによって公布されたので、わたしの前任者、敬愛する兄弟ヨハネ二十三世によって一九六一年十二月二十五日に布告され、一九六二年十月十一日に始められ、さらに彼の逝去後わたしによって継続されたこの公会議を、わたしの使徒的権威によって、終結させることを決定します。そして、すべての法的効果が発効します。他方、わたしは命じます。公会議の中で審議によって確定されたことが、神の栄光のため、聖なる教会の母の光栄のため、全人類の平穏と平和のために、聖なるしかたで敬虔に、すべてのキリスト者によって守られることを。これらのことを布告し、以下のことを定めます。その決定を記すこの使徒的書簡が、つねに固く有効であり、そのように存続すること。その十分で完全な効果が得られ、保たれること。関係することがら、ないし将来関係するであろうことがらが、今もこの後もきわめて十分に支持されること。正式にこのように判断され定義されるべきであること。もし、何かが以上とは別なしかたで、だれによってであれ、どんな権威によってであれ、知っていようと知らずにであろうと試みられるなら、今後それは無効かつ無意味となること。

ローマ、聖ペトロの傍らにて、漁夫の指輪のもと、教皇在位第三年、一九六五年十二月八日、幸いなるおとめマリアの無原罪の祭日に。

公会議の模様（サンピエトロ大聖堂）

第二バチカン公会議で公布された憲章（constitutio）、教令（decretum）、宣言（declaratio）

第三公開会議（一九六三年十二月四日）
典礼憲章　*Sacrosanctum concilium*
広報メディアに関する教令　*Inter mirifica*

第五公開会議（一九六四年十一月二十一日）
教会憲章　*Lumen gentium*
カトリック東方諸教会に関する教令　*Orientalium ecclesiarum*
エキュメニズムに関する教令　*Unitatis redintegratio*

第七公開会議（一九六五年十月二十八日）
教会における司教の司牧任務に関する教令　*Christus dominus*
修道生活の刷新・適応に関する教令　*Perfectae caritatis*

司祭の養成に関する教令　*Optatam totius*

キリスト教的教育に関する宣言　*Gravissimum educationis*

キリスト教以外の諸宗教に対する教会の態度についての宣言　*Nostra aetate*

第八公開会議（一九六五年十一月十八日）

神の啓示に関する教義憲章　*Dei verbum*

信徒使徒職に関する教令　*Apostolicam actuositatem*

第九公開会議（一九六五年十二月七日）

信教の自由に関する宣言　*Dignitatis humanae*

教会の宣教活動に関する教令　*Ad gentes*

司祭の役務と生活に関する教令　*Presbyterorum ordinis*

現代世界憲章　*Gaudium et spes*

訳者あとがき

本演説集の翻訳を依頼されたのは、カトリック中央協議会出版部の部長が長崎教区の嘉松神父様のころで、二〇一四年ではなかったかと思います。というのも、わたしのコンピューターのこの演説集翻訳に関するフォルダ内の文書で、一番作成日時の古いものが二〇一四年だからです。記憶違いでそれよりも早くに依頼された可能性もありますが、しかし嘉松神父様から依頼されたのは間違いのない事実です。

お話を受けたときには、下訳があり、ラテン語と照合させながらそれを改訂すればよいというものでしたので、気軽に引き受けました。ところが、いざ作業に入ってみると、その下訳が、パラグラフ単位で見れば、なるほどおおよその骨子をつかんでおり大意は伝わってくるものの、構文単位で見てみると、かなりの修正が必要であることが分かってきました。他方、自分自身のラテン語の力の限界も思い知らされました。たしかにアウグスティヌスなどの古い時代の神学的文章の読解作業をする機会は以前に少しあったものの、現代の教皇様（ヨハネ二十三世とパウロ六世）の公的な文書を、しかも大量に訳し出す作業は初めてのことで、そのためラテン語の語彙力の乏しさを痛感しました。そこで仕方なく、ことごとく単語の意味を辞書で確認しつつ、構文を見きわめ、意味を確定していくという当たり前の地道な作業をこつこつと積み重ねることとなりました。併せて、小教区司牧の仕事や大学での講義などもあり、作業時間がなかなか取れず、その結果、訳出作業はきわめて遅れてしまいました。

二〇一六年夏から秋にかけてのフィリピン研修の際、その空き時間を利用することができ、作業ははかどりました。また、名古屋教区一宮小教区から岡崎小教区に移り、多少時間に余裕ができたことで、最初に依頼された文書の八割ほどが完了しました。さらに二〇二〇年から始まったコロナ禍のなかで、嘉松神父様には依頼されなかった、下訳のない短い文書の翻訳作業も終えることができました。

翻訳作業をしていて気付いた点を少し書きとめておきます。

一つ目は、第二バチカン公会議の性格です。公会議後のカトリック教会にいると、その刷新の眼目は「神の民」の強調とそれに伴う典礼改革と教会改革であるような印象を受けます。事実その通りですが、この演説集を読んで初めて知ったことは、この公会議が「第一バチカン公会議のいわば自然な継続であり補完であること」(「第二会期閉会の演説」98頁)でした。しかもパウロ六世教皇はこのことを「だれも見逃してはなりません」(同)とまで言っています。これが何を意味するかと言えば、第一バチカン公会議が使徒ペトロの後継者である教皇の特権を確認したことの延長線上に、使徒の後継者である司教職に関する問題がこの公会議において「第一の場を占める」のだということです。パウロ六世はこう語ります。「述べたいのは、この一点です。すなわち、司教職に関する教えが十分に研究され討論されて、少なからず明快な結論に至っているのを、わたしは大いに喜んでいるということです。このことは、第一バチカン公会議を完成させるために確かに必要なことで、格好の機会となりました」(「第三会期閉会の演説」126頁)。

したがって第二バチカン公会議は、「神の民」を構成する信徒の意義を強調しただけでなく、むしろ位階秩序そのものの本来のあり方を伝統に基づいて再確認することが目的であったということです。エクレジアつまり教会が、まだ土地に根づいていない日本にとっては、この第二バチカン公会議の目的自体が福音的な示唆に富んでいると思います。なぜなら、福音宣教とは、表面的なヨーロッパの習俗や制度の安直な移入ではなく、キリストという原理を学び、それに基づいて教会共同体を築き上げることだからです。

そのことを教皇庁自体が表明したということになります。宣教される側、つまり福音を受け入れる側から見れば、学ぶべきはイエス・キリストにほかならず、習俗や制度の盲目的な模倣ではないということです。

二つ目は、この公会議の第三会期閉会の演説のなかで、初めて聖母マリアが公式に「教会の母」と宣言されたということです。このことをわたしは、この部分を翻訳するまでまったく知りませんでした。近年「教会の母」の記念日も設定され、日本でも少しずつ認知されるようになってきたように感じますが、この点、わたしたちの意識的な学びと崇敬が求められることになると思われます。

三つ目に、ヨハネ二十三世とパウロ六世の言葉遣いをたどっていて、あることに気づきました。それは、ここに収められた演説では、anima というラテン語が使用される例は実に限られているということです。それに似たような語でよく出てくるのは、animus という語です。よく知られているとおり、anima という語の神学的意義は大きく、また解釈上の問題概念でもあります。その語がこれほどに出て来ないのは、むしろ意図的に忌避しているのではないかとさえ思われるほどです。わたしの翻訳文中に「魂」という語が出てくる場合、それは容易に想定される anima ではなく、animus という語であること、そして、その animus も、文脈に応じて必ずしも「魂」とは訳さず、「心」とか「精神」と訳した場合もあれば、あるいは訳出せずに済ませた場合もあることをお断りしておきます。

最後に、この公会議に及ぼされた教父アウグスティヌスの影響です。一見するとアウグスティヌスの影響など、どこにあるのかと訝《いぶか》られるかもしれません。しかしながら、日本ではまだ十分に知られてはいないアウグスティヌス固有の神学用語がひょっこり顔を出している例を翻訳しながら見つけました。一つは「キリスト全体 Christus totus」です。これはいわゆるキリストの神秘体思想を表現した用語で、第二会期開会の演説と第三会期閉会の演説に出てきます。もう一つは「神聖な取り引き」の思想です。パウロ六世は第二会期閉会の演説でこう述べています。「聖なる典礼が、あの神聖な取り引きの第一の源泉であり、その取り引きによって、神の生そのものがわたしたちに分け与えられる」(95頁)。いずれもアウグスティヌスの著作に散見される彼独特の言い回しなのです。

今年二〇二二年は、第二バチカン公会議開会六十年目にあたります。この翻訳が日本の福音宣教に役立つことを願って、使徒パウロの祈りを思い起こしたいと思います。

「わたしたちの内に働くみ力によって、わたしたちが求めたり、思ったりすることすべてを、はるかに超えてかなえることのおできになるかたに、教会により、また、キリスト・イエスによって、栄光が世々限りなくありますように、アーメン」(エフェソ3・20―21)。

最後に聖母マリアのご保護を願って祈ります。

「知恵の座よ、生涯をかけて知恵の研究に携わる者たちの安全な門となってください。あらゆる知識の究極かつ正当な目標である知恵への旅路から、すべての障害が取り除かれますように。真理そのものを生み、真理を心の中に保ち、この真理を永遠にわたって全人類とともにされた聖マリアの取り次ぎによって」(教皇ヨハネ・パウロ二世回勅『信仰と理性』108)。

二〇二二年十二月三十日　聖家族の祝日に

訳者

(浅井太郎　東京カトリック神学院養成者[学務担当]、名古屋教区司祭)

第二バチカン公会議 教皇演説集

2023 年 3 月 28 日　発行　　日本カトリック司教協議会認可

訳 者　浅 井 太 郎
発 行　カトリック中央協議会
〒135-8585 東京都江東区潮見 2-10-10 日本カトリック会館内
☎03-5632-4411(代表)、03-5632-4429(出版部)
https://www.cbcj.catholic.jp/

印　刷　大日本印刷株式会社

定価はカバーに表示してあります　ISBN978-4-87750-240-9 C0016

乱丁本・落丁本は、弊協議会出版部あてにお送りください
弊協議会送料負担にてお取り替えいたします